ISBN 978-1-5278-8344-4
PIBN 10899888

1 MONTH OF
FREE
READING

at
www.ForgottenBooks.com

By purchasing this book you are eligible for one month membership to ForgottenBooks.com, giving you unlimited access to our entire collection of over 1,000,000 titles via our web site and mobile apps.

To claim your free month visit:

www.forgottenbooks.com/free899888

English
Français
Deutsche
Italiano
Español
Português

www.forgottenbooks.com

Mythology Photography **Fiction**
Fishing Christianity **Art** Cooking
Essays Buddhism Freemasonry
Medicine **Biology** Music **Ancient
Egypt** Evolution Carpentry Physics
Dance Geology **Mathematics** Fitness
Shakespeare **Folklore** Yoga Marketing
Confidence Immortality Biographies
Poetry **Psychology** Witchcraft
Electronics Chemistry History **Law**
Accounting **Philosophy** Anthropology
Alchemy Drama Quantum Mechanics
Atheism Sexual Health **Ancient History**
Entrepreneurship Languages Sport
Paleontology Needlework Islam
Metaphysics Investment Archaeology
Parenting Statistics Criminology
Motivational

INTERESTING FACTS

The FORRESTAL is 1,039 feet long and would reach to the 80th floor of the Empire State Building if stood on end.

The Flight Deck is 252 feet wide at its extreme breadth. The entire deck covers a total area of approximately four acres. It is wide enough to sit both the SS UNITED STATES and the SS AMERICA side-by-side on her deck; or as wide as a World War I destroyer was long.

From keel to mast, the FORRESTAL is as tall as a 25 story building.

The engines that drive FORRESTAL deliver more than 260,000 horsepower, or enough horsepower to keep about 1,430 1968 six-cylinder Mustangs on the road.

The Hangar Deck area for handling, parking, and repairing aircraft is the main deck. It is 75,000 square feet in area, or two acres, and can house more than 80 planes.

Storerooms on the ship are equal to a six-story warehouse one block square and have a total capacity of 371,204 cubic feet.

It takes 300,000 gallons of paint to paint FORRESTAL. This is enough paint to paint 30,000 average homes.

The ship cruises at a speed of more than 30 knots, or 36 miles per hour if you are driving a car.

Norfolk

Homeport for many of the ship's crew and squadron personnel, and one more liberty port for the rest. But whichever, it is the last and the first U.S. soil for six months.

11 March 1974

As it must be written in Navy Regs, the rain fell as Forrestal got underway. Her steel and brass soul feeling none of the emotions present from the crew, sad from those leaving loved ones, and cheerful from those embarking on new adventures.

As we moved down around a storm, we had time,

to get into a shipboard routine,

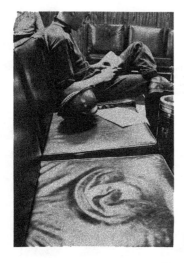

to get ready for the work ahead,

to reflect on what we had just left,   and time to think about what lay ahead.

Rota, Spain

For many, the first visit to a port outside the United States. For others, just the beginning of the Med. For all a chance to get off the ship, stretch their legs, do a little shopping, and see some old, or new sights.

Refuel At Sea

Day or night, several times a week Forrestal unreps with an Oiler, Topping off her fuel tanks with JP, Av gas, and N D to feed the machinery and aircraft.

Cannes, France

The Riviera

The People . . .

And Everything
That Is
France

**This is a drill,
This is a drill . . .**

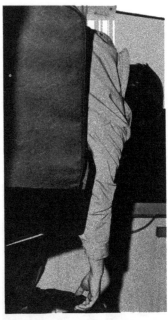

Rocket hits on the bridge.
The commanding officer has been wounded, The
executive officer is taking command.

. . . General Quarters.

From The Top

To The Bottom

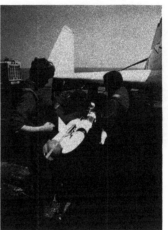

Together

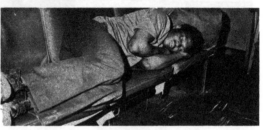

Any spot is comfortable when there are only a few
moments till the work continues.

When it's all you've got

you eat it

**For some
our Second Palma visit meant**

Loved ones arriving on the charter flight

**In Palma,
when the hands get past two**

It is time for a siesta

The Flying Machine

**It makes a ship more than
just another cruiser or
destroyer . . .**

Fast as an F-4,

able to overcome tall buildings,

As Strong As The U.S.

Ready To Fight Injustice

24 Hours A Day

During long sea periods, brief respite is often found in the form of boxing or wrestling smokers. It gives both the participants and spectators a chance to work off some of the tension caused by routine shipboard activity.

Competition is keen between divisions, squadrons, and individuals. The matches begin with a flurry of energy and the audience soon joins in with it's vocal encouragement. Then as fast as it started it is over with one man a winner and the other sure he could have won if only he could have stayed on his feet for ten more seconds.

But regardless of which side of the mat a man is on, a good time is had by all.

While Others Watched

Athens

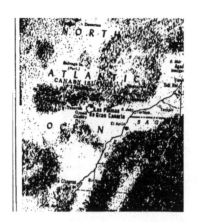

OUR ATHENS VISIT WAS CUT SHORT WHEN FORRESTAL WAS CALLED ON TO PERFORM A SPECIAL MISSION. AFTER LEAVING AT NIGHT FROM ATHENS WE MADE AN UNDETECTED PASSAGE OUT OF THE MED. OUR JOURNEY TOOK US 1400 MILES SOUTH ALONG THE AFRICAN COAST AND 30 DAYS BEFORE WE HIT OUR NEXT PORT OF CORFU.

HOW DOES THAT SONG GO?
"WE AND OUR SHADOW?"

People Day
1974

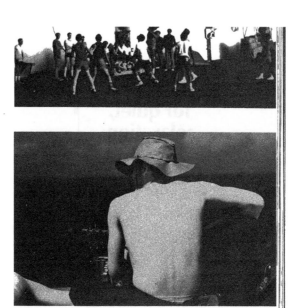

69

A Greek Island known for quiet, relaxation and beauty

Corfu

TWICE BEFORE WE HEADED HOME, THE CRISIS ON CYPRUS CAUSED FORRESTAL TO BECOME AN EX-
TENSION OF THE STATE DEPARTMENT. THE FIRST TIME WE SUPPORTED THE EVACUATION OF U.S. PER-
SONNEL FROM THE ISLAND. AGAIN, AFTER A SHORT REST IN NAPLES AND WHILE OUR THOUGHTS
DWELLED ON GOING HOME, WE WERE CALLED TO STAND BY. AN INSTRUMENT OF PEACE, FIRST IN DE-
FENCE.

Man overboard

Man overboard

JUST A DRILL THIS TIME, BUT AREN'T YOU GLAD
THEY KNOW WHAT THEY ARE DOING?

Vert Rep

WHEN FORRESTAL NEEDS GROCERIES IT'S NOT A SIMPLE MATTER OF GETTING A LOAF OF BREAD AND A DOZEN EGGS. THE SUPPLY SHIP COMES ALONG SIDE AND EVERYTHING FROM RUBBER BANDS TO AFTER SHAVE IS TRANSFERRED BY HELO OR HIGH LINE. EGGS COME TO US BY THE THOUSANDS AND FLOUR FOR BREAD BY THE TON.

Naples
Italy

June Sixth

30 Years Ago

NORMANDY, FRANCE, JUNE 6, 1944 SAW THE
BEGINNING OF THE END FOR GERMANY AS THE
ALLIED FORCES SPEARHEADED AN ATTACK TO
WREST THE RESORT AREA FROM THE 3RD
RIECH. AND ON JUNE 6, 1974, A 35 MAN CON-
TINGENT FROM FORRESTAL MARCHED THE
SAME ROUTE THAT THE CANADIAN FORCES
TOOK AT VER-SUR-MER. AT UTAH BEACH, 40
MILES AWAY, THE GLEEFUL SHRIEKS OF CHIL-
DREN PLAYING ON THE BEACH REPLACED THE
SCREAM OF SHELLS AS U.S. BATTLESHIPS
POUNDED THE AREA. FORRESTAL'S MARCHING
UNIT WAS A PART OF THE EIGHT NATION MILI-
TARY FORCE WHICH HAD ASSEMBLED TO
COMMEMORATE & PAY HOMAGE TO ALL
THOSE WHO DIED THERE FIGHTING FOR FREE-
DOM. PRESENT AT THE CEREMONY WERE SUCH
MEN AS FRENCH PREMIER PIERRE MESSMER,
GENERAL OMAR BRADLEY, WHO SPEAR-
HEADED THE D DAY INVASION AND ALAN
SHEPARD.

One of the most respected visitors to Forrestal during this cruise was the President of Spain, Sr. Arias Nevarro, Sr. Nevarro came aboard June 19th to full honors and a VIP tour conducted by the skipper. During his stay, the President of Spain toured Forrestal's key operating and living spaces and observed flight operations, which were conducted during joint exercises involving Spanish and American Naval Forces. As a memento of his visit, the President of Spain was given a handsome, handmade walnut cigar box, preferred by the ships carpenter shop.

WB8ETB
Better Known As

PAUL SHERMAN, OPERATOR AND CALLSIGN

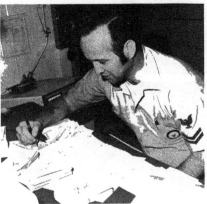

TOMMY WADDLE
ORGANIZER

Mobile Maritime
The "Ham Shack"

CHIEF BRADLEY, OPERATOR

It Sure Is Good To Hear Your Voice!

Many Thanks
For Helping Many
People!

"CHICK" THOMPSON
ORGANIZER

The Design of Things —

It Doesn't Take Much . . .

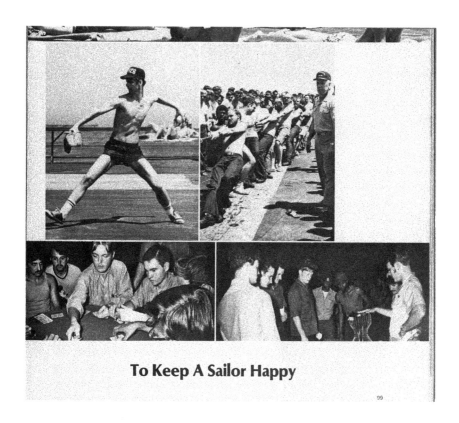

To Keep A Sailor Happy

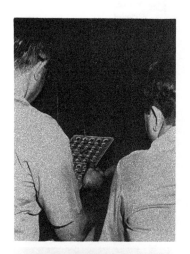

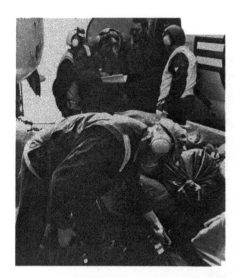

Newspapers take on a historical nature

Now Hear This ...

MAIL CALL

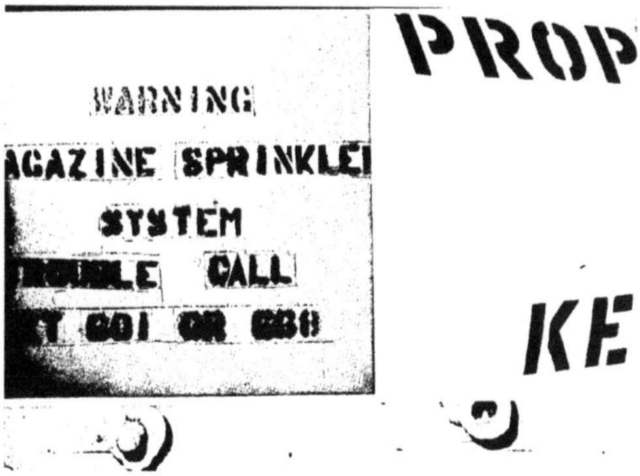

PROP

WARNING

MAGAZINE SPRINKLER
SYSTEM
TROUBLE CALL
T 601 OR 688

KE

And On 5 September,
The USS Forrestal Outchopped
And Headed Toward The
Setting Sun . . . And The Port
Many Had Been Awaiting — Ho

Clean Up

Paint Up

Fix Up

**Get It
Ready
For Home.**

Dear Ann,

One of the best deals going on this deployment is an outfit known as Europatour 74. They make the cruise much more fun as well as informative by organizing tours of the points of interest in the vicinity of the port we are visiting.

For example, when the ship was in Rota, they ran tours to Cadiz and Sevilla, home of the artist Joán Miro. In Cannes, they took us to Paris, Monte Carlo, the French Alps to Valberg for skiing, and to a perfume factory in Grasse. Palma, where you met us, was the starting point for tours to the Caves of Drach, Formentor and Valdemossa, as well as the Spanish BarBQ, and the Medieval Banquet. Europatour gave three guided treks of Athens and a journey to the Fiesta Corinth Nycennie.

The Captain got together with Mike Whitsit and the Europatour staff, and came up with the "Skippers Special," a <u>free</u> trip to London or Rome for thirty of the more deserving men. Needless to say, this is one thing that everone liked.

Well, I suppose that duty, and the cruisebook, calls. I love you and will see you soon.

Stephen

After The Music Died Away, Bingo Night And The Big Raffle . . .

What more can we say!

They didn't tell me the draft was over before I raised my hand.

At least it's a seat on the early bird!

Woops, I forgot I had on my 18 hour OBA.

If I send it SAM, how much to the states?

Let's see now, oh yah, I remember now. An F-4 parked by the edge just before we made that last turn.

No, I can't think what might have happened to it!

He got me off the line, but I'll get him in second.

Sit in line two hours, and only get ten gallons.

Quick, more peanuts, Dumbo is still hungry!

The recruiter told me I could break the chains of civilian life, but this beats all.

We're in luck! It's only flat on the bottom.

This beauty was used by a little lady pilot that only flew on nice days.

Captain James B. Linder
Commanding Officer
1 November 1972   10 May 1974

Change of Command
10 May 1974

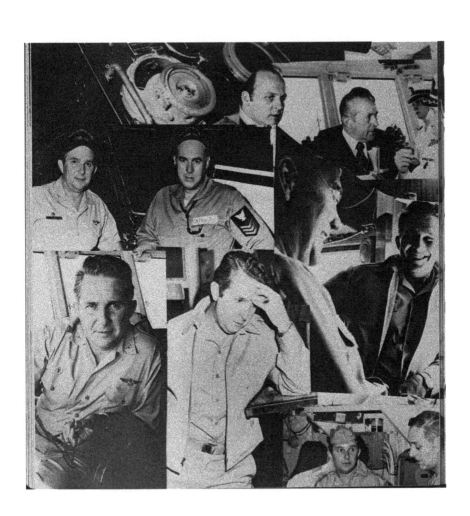

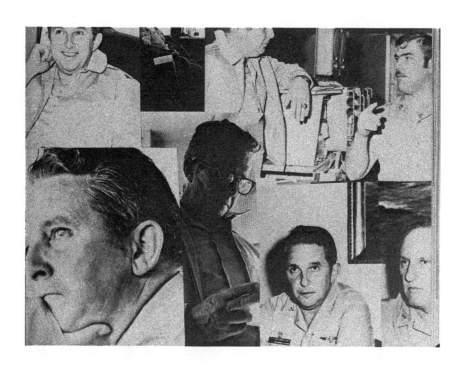

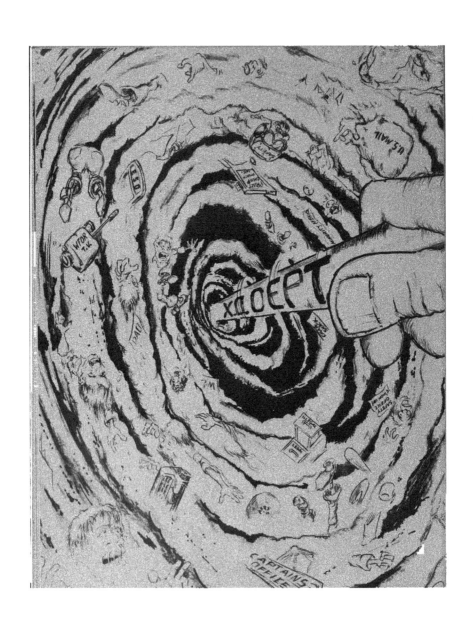

CDR. H. ROSE
FORMER XO

CDR. D. PRIMEAU
EXECUTIVE OFFICER

Administration Assistant / 3M

Bagby, J. E.   LT

Darby, G. I.   CS2

Perkins, S. G.   SN

Tolliver, E. A.   SN

Busy, Busy, Busy

Type, Type, Type.

Captain's Office

Stuart, D. W.   CWO2

Warren, F. L.   YN2
Teller, K. W.   YNSN
Willis, A. C.   SN

Give ya a good tip.

Buy stock in IBM.

Personnel

Allen, J. L.
PNCM

Stoneking, R. H.
CWO2

Powell, S. D.
PN1

Gormish, W. E.   PN2
Willis, L. E.   PN3

Nevling, J. A.   PN3
Barber, K. S   PNSN

Separations

Campbell, H. J.	PN3		Levernz, J. L.	PN3
Gibson, R. L.	PNSN		Roberts, D. T.	PNSN

Safety

CREDITS: "FORRESTAL SAFETY REVIEW" is published monthly when at sea by the Safety Office. Opinions expressed herein are not necessarily those of the Commanding Officer, Rolling Stone, Don Rickles, Ken Kesey and the Merry Pranksters, Sonny Barger, Cotton Werksman, Euell Gibbons, Tony the Tiger, Sonny sans Cher, Howdy Doody, Rumplestilskin, and Gimlach the Pict. (Not to mention WONDER WART HOG!)

Mulvaney, M.C.   AZAN

EDITOR IN CHIEF: (especially this issue) CDR G.T.McGRUTHER
FEATURE WRITER (when I can get away with it) AO1 (soon to be Mr.) W.E.SHAW
PRODUCTION: SHORTIMER SHAW & SUNDOWN DAN
ART: "FLIES UNLIMITED" & "CRABS INTERNATIONAL"!
-30-

©1974 by M.L.C.

PAO

Romao, I. G.   ENS

Benura, L. S.   JO3
Bass, D. X.   AN
Boehme, T. M.   JOSN
Bruce, J. A.   JOSN

May, G. JR.   SN
Montgomery, J. O.   JOSN
Painter, P. N.   SA

WFOR

Green, L. L.   EMC

Carroll, R. A.   YN3

Dancy, J. H.   JO3

Daugherty, M. M.   SN

TV and Radio

Jennings, J. A.   AN

Simmons, D. R.   SN

Yarbrough, D. J.   SN

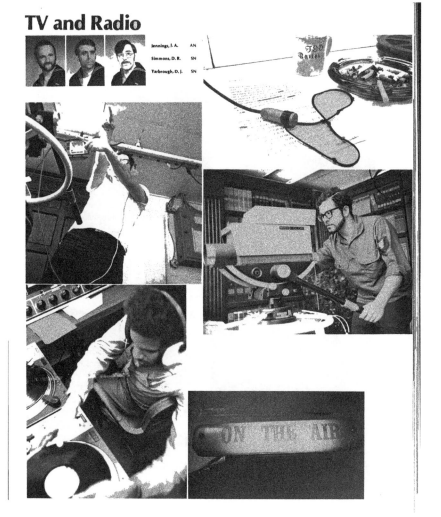

Chaplains

Slejzer, F. E.　CAPT

Smith, H. D.　CDR

Smith, B. W.　PN3
Fox, M. A.　AN
Norman, H. W.　SN
Rearick, M.　AN

HRDC

 Ashbury, R. S.   ENS

Mizell, R.   ABCS
Barber, L. W.   BM1

Talley, M. P.   EM2
Brown, D. T.   PN3
Davis, E. J.   EM2

Pruitt, E. J.   EM2
Aguilar, G.   SA
Benton, S. D.   SN

Legal

Sharratt, B. E.
LT

| Sitter, A. E. | Adams, V. | Garrison, T. L. | O'Boyle, R. | Trotter, C. D. |
| LN1 | YN3 | YN3 | PN3 | SN |

Brown, A. L.	Hooper, J. L.	Lkein, E. A.	Loore, R. B.
BM2	PT2	BM2	MA2

Elliot, C. M.	Elwis, L. J.	Peterson, N. F.	Johnson, S. W.
MM3	DP3	YN3	SN

ESO

Whisenant, J.   PNC

Bestor, C. E.
PN3

Freeman, R. X.
PNSN

Gustalson, D. N.
PN2

Spinks, L.
PNSN

Mr. Miller, ESO Officer

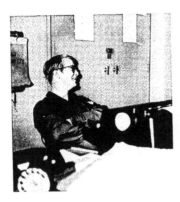

Europatour

MIKE WHITSETT
MR. EUROPATOUR

Career Counselor

Brooks, D. G.
MCCS

Lux, L. L.
MTC (SS)

Meylian, G. R.
BM1

Special Services

 Rigas, T.   ENS   Cox, S. L.   MA2

Sullivan, D.   SN
Eadie, J. J.   SN
Lacerda, C.   AN
Lewis, C. R.   SN
Thacker, C. J.   SN

Print Shop

Denos, P. P.
LI3

Banks, W. M.
SN

Guethlein, D. R.
SN

House, R. N.
SN

Marshall, J. A.
SN

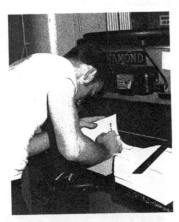

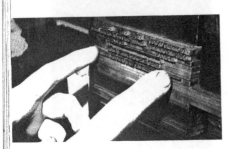

Post Office

Conley, E. P.   PCC

Haack, P. E.	PC1
Anderson, J. M.	SN
Genna, M. R.	SN
Jackson, W. A.	SN
Lenches, M. J.	SN

Lopez, A. (NMN)	AN
Moore, H. C.	SN
Nichols, R. D.	PCSN
Pendleton, E. A. JR.	SN
Vargas, J. O. JR.	AN

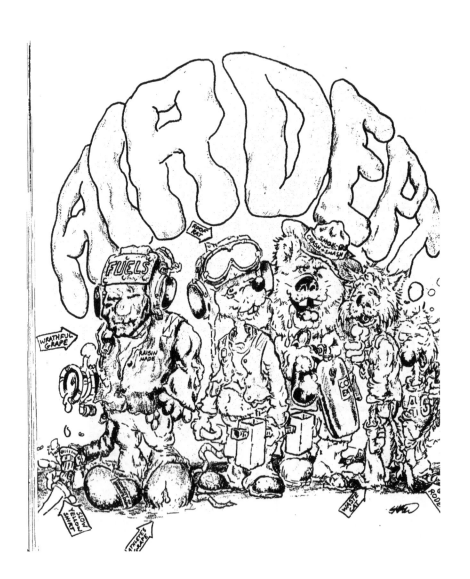

CDR. J. E. PAGANELLI
FORMER AIR DEPARTMENT OFFICER

CDR. R. A. PETERS
"AIR BOSS"

V-1

Cook, M. J.   LCDR
Tracey, M. T.   LT
Smith, T. P.   LT (JG)

Irving, R. (NMN) . . . .ABHC
Wright, G. B. . . . . .ABHC

Brown, N. O.   ABH1
Derise, A. J.   ABH1
Anderl, S. J.   ABH3
Forquer, J. H.   ABH3
Netz, M. (NMN)   ABH3
Oldfather, P. R.   ABH3

Stone, R. L.   ABH3
Wollum, D. C.   ABH3
Asaham, R. P.   AN
Werkman, V.
Barlielch, W. M.   AN
Brewer, A. (NMN)   AN

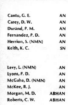

Cantu, G. E.   AN
Carey, D. W.   AN
Durand, P. M.   AN
Fernandez, P. D.   AN
Herrion, S. (NMN)   AN
Keith, K. C.   SN

Levy, L. (NMN)   AN
Lyons, P. D.   AN
McGaha, D. (NMN)   AN
McKee, R. J.   AN
Morgan, M. D.   ABHAN
Roberts, C. W.   ABHAN

Sweat, B. M.	AN
Willis, W. D.	ACAN
Barros, A. (NMN)	AA
Friedman, A. L.	AA
Garcia, J. G.	AA
Moquin, J. M.	AA
Ortiz, M. C.	AA
Shelby, J. (NMN)	AA
Tempest, R. D.	AA
Toth, G. A.	AA
Whiteside, C. W.	AA
Wright, W. H.	AA

V-2

Belden, W. E.   LT
Borden, R. D.   LT
Borrme, W. H.   LT
Carter, R. B.   LT
Breslin, J. J.   CWO2

McGuire, R. E.   ABEC   Ross, J. G.   ABEC

 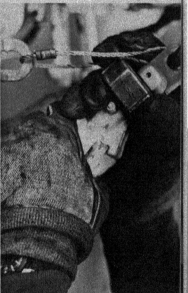

Collis, E. (NMN)   ABE1
Gralton, T. J.   ABE1
Herd, F. (NMN)   ABE1

Murray, O. (NMN)   ABE1
Ogle, D. J.   IC1
Pritchett, J. F.   ABE1

Ambier, W. M.   ABE3
Brown, A. L.   ABE3
Campbell, J. M.   ABE3
McClenton, W. S.   ABE3
McDonald, D. W.   ABE3

Montgomery, D. V.   ABE3
Muller   ABE3
Pogue   ABE3
Warren   ABE3
Wrenn   ABE3
Baldridg   ABE3

Bennett, J. G.   ABE3
Dixon, R. C.   ABE3
Dura, J. G.   ABE3
Grossman, G. W.   ABE3
Kibe, M. D.   ABE3
Kligis, J. A.   ABE3

Lastovica, J. A.   ABE3
Moore, J. G.   ABE3
Nabozny, F. L.   ABE3
Sibley, M. D.   IC3
Sosndwski, G. (NMN)   ABE3
Springston, L. D.   ABE3

Todd   ABE3
Yeager, R. W.   ABE3
Anderson, R. L.   AKAN
Bardsley, D. M.   ABEAN
Baster, A. (NMN)   AN
Bennett, H. A.   ABEAN

Bryant, A. (NMN)   AN
Chopper, R. C.   AN
Dale, D. (NMN)   AN
Day, K. B.   ABEAN
Doll, S. C.   ABEAN
Edwards, G. M.   AN

Ellis, E.	AN
Erickson, T. C.	ABEAN
Fede, J. U.	AN
Fish, E. K.	ICFN
Fore, C. L.	AN
Gibson, J. J.	AN

Gordon, T. C.	AN
Hankins, J. W.	AN
Hardy, S. C.	ABFAN
Hecker, S. E.	ABEAN
Hodgson, J. C.	ABEAN
Holcomb, R. R.	AN

Hughes, H. R.	AN
Huhn, E. F.	AN
James, M.	AN
Jamieson, H. A.	ABEAN
Kelley, D. A.	AN
Laboy, R.	AN

Lambert, B. D.	AN
Ledbetter, R. E.	AN
Morriessy, J. D.	ABEAN
Nolan, N. E.	AN
Perkins, D. R.	AN
Phillipes, D.	AN

Purschell, C. E.	AN
Raby, G. A.	ABEAN
Rowland, T. D.	AN
Segerson, W. R.	AN
Smith, D. H.	AN
Spielberger, J. R.	AN

Spurlock, G. D.	ABEAN
Stuart, W.	ICFN
Thorton, K. B.	AN
Thurman, E. S.	AN
Tingle, T. S.	ABEAN
Tipton, J. E.	AN

Webster, J. R.	SN
White, F. L.	AN
Canales, E. R.	AA
Cormier, J. E.	AA
Heasley, S. E.	AA
Herring, C. H.	AA

Hughes, T. H.	AA
Hughes, T. J.	AA
Leary, J. P.	AA
Mann, J. R.	AA
Miller, C. L.	AA
Monday, A. E.	AA

Murdock, G. W.	AA
Palladino, T. A.	AA
Sanchez, J. M.	AA
Smith, W. C.	AA
Wallace, J. M.	AA

V-3

Beard, T. R.   LT

Byrum, J. L.   ABHC
Weatherburn, C. M.   ABH1

Kimbrough, J. L.   ABH2
Oipas, J. (NMN)   ABH2
Thomas, C. W.   ABH2
Edwards, W. N.   ABH3

Hannah, E. A.   ABH3
Lewis, A. J.   ABH3
Peora, D. M.   ABH3
Rollins, A. R.   ABH3

Breedlove, J. E.	AN
Bruno, A. M.	ABHAN
Clover, R. L. G.	AN
Conrad, F. H.	AN
Crowe, B. C.	ABHAA
Dattomo, N. M.	AA

Dawson, J. W.	AA
Degivilio, J. S. D.	AN
Durham, J. R.	AN
Frazier, J. T.	ABHAA
Gutierrez, H. (NMN)	ABHAN
Havrack, E. G.	AN

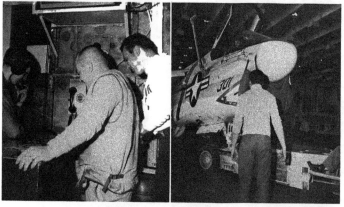

Hetzler, R. L.	AA
Hill, D. L.	AN
Lopez, J. F.	AN
James, C. (NMN)	AN
Jarosz, J. P.	AN
Jones, W. A.	AN

Mayfield, K. D.	ABAN
Mecca, S. J.	ABHAA
Myers, B. B.	AN
Myers, T. (NMN)	AA
Prosser, S. O.	AA
Pruitt, D. L.	AN

Pyle, S. C.	AN
Ragland, D. W.	AA
Roberts, T. D.	AA
Robledo, M. (NMN)	AA
Sell, H. L.	AN
Shead, H. E.	AA

V-4

McKinney, T. L.   CWO1

Holiender, J. M.   ABF1
Martin, R. L.   ABF1
Winn, L. W.   ABF1

Mrowczyn, S. K.   ABF2
Ray, J. H.   ABF2
Rowe, G. W.   ABF2
Wiley, M. E.   ABF2
Pevlin, R. J.   ABF3

Edwards, S. W.   ABF3
Griggs, R. C.   ABF3
Messer, C. E.   ABF3
Myrtle, E. F.   ABF3
Pointer, J. M.   ABF3

Campbell, L. A.   ABFAN
Castillo, R.   ABFAN
Castillo, R. M.   ABFAN
Coulter, S. A.   ABFN
Ferguson, B. A.   ABFAN

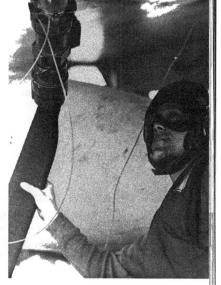

Ferreria, E. Q.   AN
Glasspool, C. R.   ABAA
Hotard, W. C.   ABAN
McBride, R. W.   AA
McMillan, J. L.   AN

O'Brien, J. J.   ABFN
Potter, S. O.   ABFAN
Rothganger, S. R.   AN
Scott, A. L.   ABAN
Sullivan, G. J.   ABFAA

163

Christie, W. B.   Howard, M. A.
LCDR   LCDR

Moore, J. E.   LCDR
Anderson, G. G.   LT
Martin, W. C.   LT
Rice, C. O.   LT

Brumlow, V. (NMN)   ADJC
Cooper, A. H.   AUDM
Field, G. E.   AOCM
Fischl, E. G.   HCDS
Delarosa, J. C.   YNSN

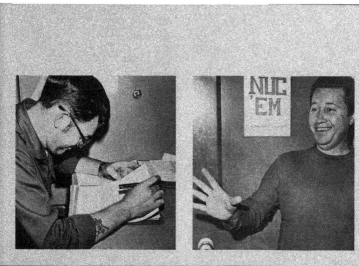

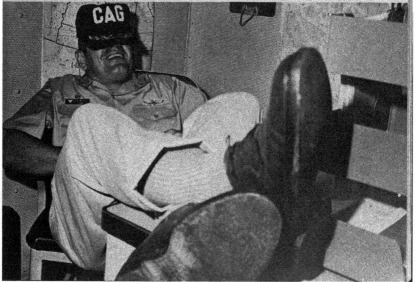

LCDR. C. CORSE
FIRST LIEUTENANT

1st Division

Hearner, H. L.   LTJG
Hernandez, H.   ENS

Moore, A. L.   BM1

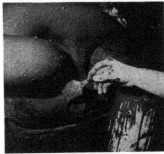

Breisler, W. A.	BM2
Carter, L. L.	BM3
Entsminger, D. A.	BM3
Bowen, G. M.	SN
Cook, P. R.	SN
Dennison, M. A.	SN
Gagne, P.M.	SN
Lee, J.	SN
Majhen, R.	SN
Zirpoli, R. A.	SN
Blaner, D. R.	SA
Duhon, M. L.	SA
Follo, D. E.	SA
Jackson, M. L. E.	SA
Jones, P. E.	SA
Gentry, J. E.	SA
Krause, W. C.	SA
Michener, J. C.	SN
Parker, J. M.	SA
Powell, S. F.	SA
Sessions, H. V.	SA
Sheldon, R. P.	SA
Walker, R. J.	SA
Wolfe, W. O.	SA

2nd Division

Tirpak, P. N.   BM2

Walach, P.   BM2

Washington, L.   BM3

172

Cephas, K. T.   SN
Cruse, A.   SN
Cornatzer   SN
Dotson, M. C.   SN
Elkins, W. R.   SN

Ford, J. O.   SN
Greer, S. S.   SN
Harris, W.   SN
Hine, J. E.   SN
Jack, D. G.   SN

Kappleman, F. A.   SN
Lambert, D.   SN
Laforest, G. T.   SN
Laprerre, B. F.   SN
Riley, W.   SN

Roberts, M. B.   SN
Sterenson, M. L.   SN
Stingley, D. A.   SN
Pereria, V. S.   AMHAA
Lofton, M. T.

Lowrey, S. M.   SA
Solano, F. S.   SA
Sitar, S. C.   SN
Ruston, R. D.   SN
Whitelock, R. S.   SN

173

3rd Division

Bolte, S. R.   ENS

Woody, D. L.   BM1
Sander, H. H.   BM2

Harrington, S. C.   BM3
Gallup, J. D.   BM3

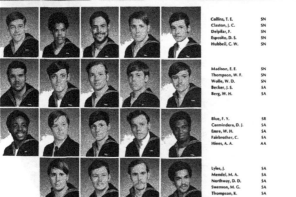

Collins, T. E.	SN
Claxton, J. C.	SN
Delpilar, F.	SN
Esposito, D. S.	SN
Hubbell, C. W.	SN
Madison, E. E.	SN
Thompson, W. F.	SN
Wolfe, W. D.	SN
Becker, J. S.	SA
Berg, W. H.	SA
Blue, F. Y.	SR
Cermindera, D. J.	SA
Emre, W. H.	SA
Fairbrother, C.	SA
Hines, A. A.	AA
Lyles, J.	SA
Mendel, M. A.	SA
Northway, D. D.	SA
Swenson, M. G.	SA
Thompson, K.	SA

4th Division

 Furbay, J. A.,   LTJG

Garrison, R. L.   BM1
Sitte, F. C.   BM1

Bailey, G. O.   BM2
Owens, L.   BM2

Sharbutt, J. E.   BM2
Wyse, W. J.   BM3

Clever, W. P.	SN
Deas, C. D.	SA
Dussia, N. J.	SN
Harper, E.	SN
Irving, C. R.	SN

La ry, J.	SN
Ki ney, H. L.	SN
M rtin, J. F.	SN
M Kay, G. G.	SN
St wart, D. F.	SN

Taulbee, R. R.	SN
Ball, R. S.	SA
Bennell.	SA
Cahill, C. M.	SA
Fitch, K. P.	SA

Hod king, S. E.	SA
Goo sby, W. E.	SA
Marina, A. W.	SA
Robinson, K. B.	SA
Vickers, S. D.	SA

Hull Division

Farrell, R. G.   ENS

Higginbotham, J. E.   BMC
Adkins, M. M.   BM1

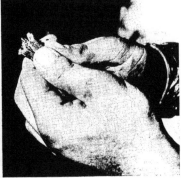

| Benton, E. S. | BM2 |
| Turner, M. M. | BM2 |

Cacciatoire, S.	SN
Cooney, P. P. S.	SN
Herbert, B. W.	SN

Iman, G. N.	SN
Reed, W. L.	SN
Belisle, S. W.	SA

Cicciool, R. J.	SA
Dannunzio, G. D. P.	SA
Dow, W. R.	SA

Gransbergen, K.	SA
Darey, J. J.	SA
Kelly, G. W.	SA

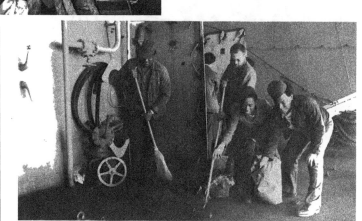

LCDR. F. C. BROCKHAUSEN
COMMANDING OFFICER, HS-3

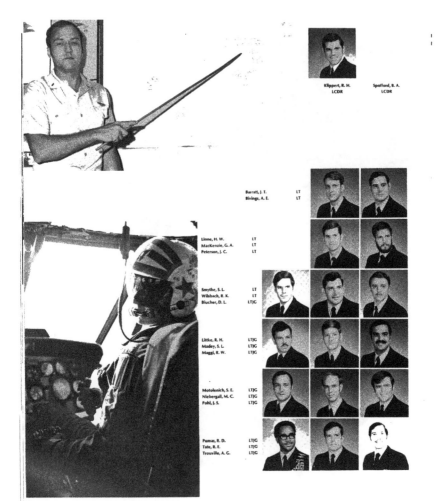

Klippert, R. H.
LCDR

Spofford, B. A.
LCDR

Barratt, J. T.   LT
Bivings, A. E.   LT

Linne, H. W.   LT
MacKenzie, G. A.   LT
Peterson, J. C.   LT

Smythe, S. L.   LT
Wilsbach, R. K.   LT
Biucher, D. L.   LTJG

Littke, R. H.   LTJG
Madey, S. L.   LTJG
Maggi, R. W.   LTJG

Motolenich, S. E.   LTJG
Niebergall, M. C.   LTJG
Pohl, J. S.   LTJG

Pumas, R. D.   LTJG
Tate, R. E.   LTJG
Trousille, A. G.   LTJG

182

Beckman, E. V.   AMCS
Gallup, H. W.   AWC

Coleman, W. E.   ADJ1
Cooke, W. E.   AT1
Estabrook, B. W.   AE1
King, F. W.   AMH1
Lambert, L. W.   AT1
Schnakenberg, D. E.   AT1

Sedlivicius, G. J.   PN1
Van Leeuwen, F. G.   AW1
Wolie, R. D.   AZ1
Ervin, J. D.   AW2
Flakes, P. H.   AW2
Holien, M. D.   AW2

Ramsey, R. B.   AW2
Riggs, E. S.   AMH2
Ventura, R. D.   SD2
Whittaker, G. W.   ADJ2
Winhold, K. E.   AZ2

Clarke, K. B.	ADJ3
Dickinson, D. E.	AZ3
Dorsey, S. J.	AW3
Faucett, T. I.	AZ3

Goodwell, D. K.	ADJ3
Hopkins, G. B.	AMS3
Kaeterle, R. J.	PN3
Price, B. H.	AME3

Renick, S. D.	ADJ3
White, G. M.	AZ3
Williams, B. J.	AW3
Allison, E. G.	AN
Bactad, M.	SN

Barrientes, L.	AOAN
Belden, M. C.	AA
Binkonski, R. C.	AA
Bordelon, K. D.	AA
Brown, L. J.	AWAN

Daley, K. R.	AN
Delagaraza, R.	AA
Driver, R. L.	AA
Durham, R. J.	YNSN
Earp, J. T.	AA

Esum, F. E.	AA
Gage, R. E.	AN
Goodwin, O.	AA
Hall, F. Q.	AA
Haynes, R. L.	AA

Hughley, E.	AN
Kindred, Q. J.	AA
Kolesar, M. A.	AMHAN
Matias, J. N.	AA
Mills, W. J.	YNSN

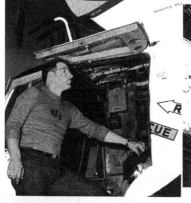

Moore, D. T.	AA
Moran, W. R.	AMHAN
Murray, A.	AKAN
Nance, T. L.	AA
Page, G. K.	PNSA

Patterson, D. W.	AA
Pearson, D. M.	AWAN
Radtke, G. J.	AN
Rapp, R. W.	PRAA
Roberts, G. W.	SA

Thorn, J. S.	AA
Turner, J. B.	AA
Troth, D. B.	AOAA
Warner, M. C.	SN
Weiss, R. M.	AWAN

Landon, J. L.   LCDR

Wollram, C. B.   LCDR
Batman, W. E.   QMCS

Cdr. H. L. Berenson
"Gator"

Schmitz, F. J.   QM1
Lugiani, J. W.   QM2
Hinds, B.   QM3

Mcilhargey, M. J.   QM3
Mros, E. J. QM3
Nicollet, J. A. QM3

Carlson, M. R.   QMSA
Farr, R. D.   QMSN
Jones, R. S.   QMSN

Kittel, R. L.   SN
Long, R. S.   SN
Markielowsi, M. C.   SR

O'Conner, P. S.   QMSN
Reagan, R. B.   AN
Ryan, D. A.   SN

Vititoe, R. L.   AN
Weitendorf, D. C.   SA
Williams, T. R.   QMSN

187

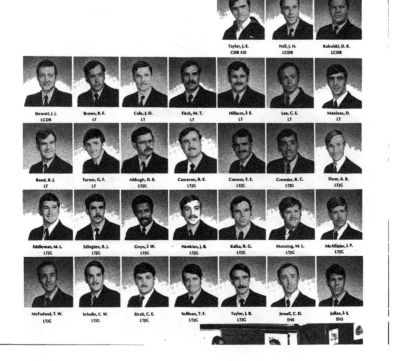

Taylor, J. E.
CDR XO

Hall, J. H.
LCDR

Kukulski, D. R.
LCDR

Stewart, J. J.
LCDR

Brown, R. F.
LT

Cole, J. D.
LT

Fitch, M. T.
LT

Hilburn, I. E.
LT

Lee, C. E.
LT

Manlove, D.
LT

Reed, K. J.
LT

Turner, G. F.
LT

Abhugh, D. R.
LTJG

Cameron, R. E.
LTJG

Connor, T. E.
LTJG

Crowder, R. C.
LTJG

Dean, K. R.
LTJG

Eddleman, M. L.
LTJG

Edington, R. J.
LTJG

Gnyn, J. W.
LTJG

Hawkins, J. B.
LTJG

Kalka, R. G.
LTJG

Manning, M. L.
LTJG

McAllister, J. P.
LTJG

McFarland, T. W.
LTJG

Schultz, C. W.
LTJG

Strait, C. E.
LTJG

Sullivan, T. F.
LTJG

Taylor, J. R.
LTJG

Jewell, C. D.
ENS

Julian, J. S.
ENS

Adams, E. S.	AUCM
Loomis, G. C.	AFCM
Bedeaux, J. L.	AMCS
Huffman, R. R.	ADCS
Loudermilk, E. S.	AECS
Avery, M. E.	ADJC
Conyers, J. D.	AQC
Davidson, W. J.	ATC
Henson, R. L.	ATC
McGaha, W. D.	AOC
Sketoe, R. E.	ADJC
Swopland, J. W.	AEC

Burgelie, R. A.	YN1
Darge, R. S.	AE1
Eaton, B. M.	AMS1
Gilmour, G. J.	AT1
Gray, R. M.	AT1
Hampton, E. E.	AMS1
Herberlie, F. A.	AO1
Linder, R. K.	PN1
Lewis, J. B.	AO1
Parker	PR1
Purinton, S. R.	AQ1
Riley, T. S.	ADJ1
Salvatore, M.	AMH1
Shaw, W. E.	AO1
Stroud, M. G.	AZ1
Vanbrunt, R. R.	AE1
Wilkes, A. J.	AE1
Warsinski, T. J.	AQ1
Wintgate, M. R.	AE1

Bailes, J. R.	AT2
Chapman, B. B.	AQ2
Collins, J. C.	ADR2
Hermoe, J.	AZ2
Kurger, K. G.	AT2
Landry, H. G.	AMH2
Leppalal, L. W.	AMS2
Ruesch, D. E.	PR2
Scott, D. L.	AMH2
Sklar, R. F.	AQ2
Smith, C. M.	AQ2
Stewart, D. M.	AMS2
Wade, A. L.	AQ2
Weingand, W. E.	AME2
Woods, H. J.	AME2
Birdwhistell, G. B.	AQ3
Cutler, P. J.	AT3
Dowell, A. J.	AMH3
Edwards, J. M.	AMS3
Ellis, R. D.	YN3
Harydzak, T.	AZ3
Larson, D.	AK3
Lydarger, K. A.	AQ3
McCormick, M. E.	AMS3
Moore, J. R.	AQ3
Mouskie, S. E.	AO3
McMurray, W. R.	AZ3
Murray, L. E.	AQ3
O'Pry, D. M.	AE3
Poinsett, D. W.	AQ3
Ray, D. L.	AE3
Robin, J. E.	YN3
Smith, C. R.	AT3
Stokes, T. J.	PN3
Tipton, J. E.	AO3

VanWinkle, L. J.	AMH3
Williams, S.	AT3
Wilson, W. J.	ADJ3

Adams, D. T.	AN
Adkins, J. D.	AEAN
Anderson, J. A.	ABAN
Bostic, C. L.	AMHAN
Bostic, T. C.	AN
Budjenska, D. W.	AOAN
Counts, W. R.	PNSA
Crow, D. R.	AOAN
Dickerson, M. J.	ABAN
Dufrene, J. J.	AN
Duperre, A. L.	AN
Evaniak, W. R.	SN
Evans, W. L.	AOAN
Hale, G. A.	ABAN
Hardy, R. E.	AZAN
Houdek, A. R.	AMSAN
Humphrey, B. H.	AN
Knoerzer, D. A.	ADJAN
Knudson, H. E.	AMSAN
Maler, J. M.	AN
Mayfield, D. I.	AA
Moore, P. M.	AN
Morin, R. J.	AN
Montgomery, P. C.	AOAN
Pailla, H. F.	AA
Price, R. L.	AN
Quejada, R. A.	AN
Roy, E. J.	ATAN
Sartain, G. W.	AA
Sharp, W. J.	AA
Smith, G. L.	ADJAN
Sturtevant, H.	AA
Sturtevant, W.	AA
Vassallo, J. T.	AOAN
White, D. J.	AA
Williams, J. L.	AMHAN

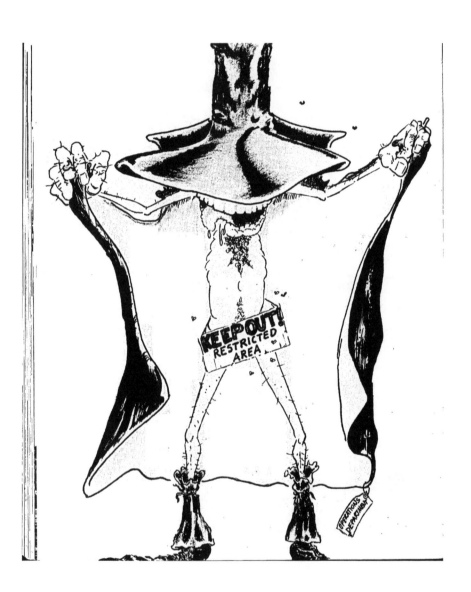

CDR. Primeau
Former Operations Officer

CDR. Burnette
Operations Officer

LT. McGee

OA

Hilyard, W. F.
LCDR

Hufana, L. C.	Redfearn, W. C.	Lee, D.	McKay, R. G.
AGCS	AGC	AG1	AG1

Turco, S. V.	Forestor, E. L.	Harper, T. W.	Abernathy, A. L.
AG1	AG2	AG2	AG3

Albertelly, M.	Harriams, G. B.	Cruncelton, J. P.	Dyer, G. L.
AG3	AG3	AGAN	AN
Mershon, M. F.	Nickol, R.	Simmons, C. E.	Tockey, T. A.
AN	AGAN	AN	AGAA

OP

Waller, D. R.   CWO2
Collins, T. J.   PHCS
Roberts, P. J.   PHC

Knight, J. F.   PH1
Macklem, D. W.   PH1
Rock, S. C.   PH1
Kiser, J. F.   PH2
Windrey, G. T.   PH2

Burns, R. W.   PH3
Carrico, M. E.   PH3
Dill, G. E.   PH3
Hendrix, M. D.   PH3
Maples, M. A.   PH3
Powell, J. L.   PH3

Bollard, R. (NMN) PHAN	Brauer, R. E. PHAN	Coughlin, M. T. PHAN	Grailey, M. F. PHAN	Hulme, P. M. H. AN	Hernandez, R. G. AN	Lovell, R. C. AN

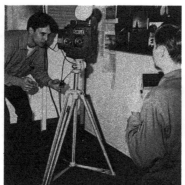

Montgomery, R. C.	Marr, R. C.	Phillips, S. B.	Velez, J. A.	Durand, R. P.	Lee, T. (NMN)	Scott, A. (NMN)
PH3	PHAN	AN	AN	AA	AA	AA

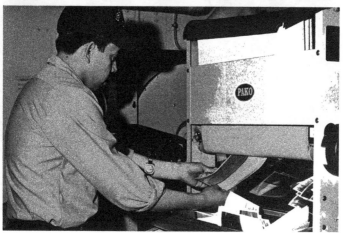

OC

Cataldo, J.   LCDR

Donaldson, W. S.   LT
McGamant, J. R.   LTJG

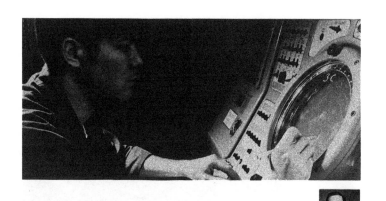

Bisaop, L. E.   ACC

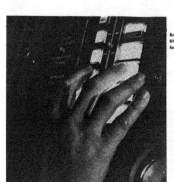

Boyle, D. R.   AC1
Rhoades, J. H.   AC1
Souter, R. W.   AC1

Bach, L. A.	AC2
Worley, T. M.	AC2
Brown, H. A.	AC3
Faggt, G. E.	AC3

Fitzaenry, T. M.	AC3
Estling, T. J.	AC3
Masaer, R. D.	AC3
Brurn, A.	AC3

Rece, C. A.	AC3
Amerson, F. C.	AN
Bunkley, Z. U.	AN
Dyar, S. E.	AN

Davis, C.	AN
Hawuer, R. W.	AN
Norman, M. D.	AA
Smith, W. I.	ACAN
Wade, L. E.	ACAN

OI

O'neal, E. A.   CDR

Danner, T. N.   LCDR
Pawlas, R. W.   LCDR
King, J. R.   LT
Murray, R. J.   LT
Harrington, M. J.   LTJG

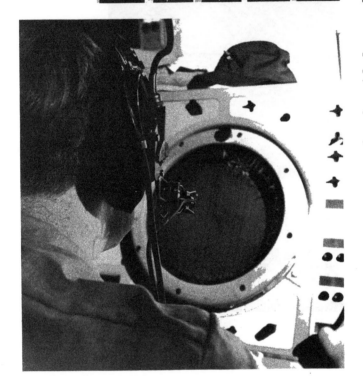

Freedman, L. U.	OSC
Grattelo, J. J.	OSC
Harper, R. R.	OSC
Skaggs, L. L.	OSC
Williford, G. U.	OSC

Allen, M.	OSI
Davidson, B. R.	OSI
Dingman, C. C.	OSI
Huffman, R. J.	OSI
Lemke, M. L.	OSI
Sheene, D. G.	OSI

Smith, G. A.   OS2
Burgess, M. L.   OS2
Cooper, J. E.   OS3

Heuberger, C. W. OS3
Horne, R. C.   OS3
Labella, G. M.   OS3

Lollis, P. J.   OS3
Lutz, A. D.   OS3
Uise, J. R.   OS3

Anderson, T. L.   OSSN
Bacon, J. R.   OSSN
Bline, T. A.   OSSN

Heath, J. R.   OSSN
Lucas, C. R.   OSSN
Mattice, L. K.   OSSN
Mauke, J. R.   OSSN

Miller, P. E.   OSSN
Wells, K. R.   OSSN
Wright, R. K.   OSSN

OE

Skjod, C. J.   LCDR

Stowe, A. R.   LTJG

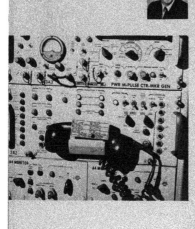

Maia, J. A.   ENS   Koone, J. M.   ETC

Phillips, L. J.   FTC   Smith, V. F.   ETC

Harper, K. D.   DS1
McHorse, S. R.   ET1
Wacker, R. G.   ET1

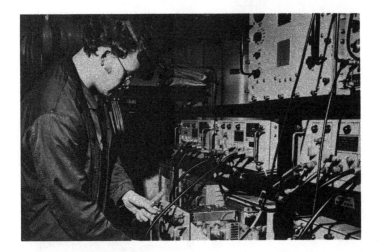

Blubaugh, C. U.   ATR2
Kimmel, L. A.   ETR2
Lamalde, J. L.   DS2

Ledbetter, C. S.   ETN2
Meyer, J. R.   DS2
Schwenn, E. D.   DS2

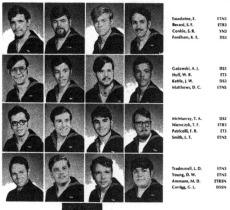

Easadotne, E.	ETN3
Berard, S. F.	ETR3
Conkle, S. R.	YN3
Fordham, K. E.	DS3

Gadawski, A. J.	DS3
Huff, W. R.	ET3
Kettle, J. W.	DS3
Matthews, D. C.	ETNS

McMurray, T. A.	DS3
Niemczyk, T. F.	ETR3
Patricelli, F. R.	ET3
Smith, L. T.	ETN3

Trademmell, L. D.	ETN3
Young, D. W.	ETN3
Ammons, M. D.	ETRSN
Carrigg, G. L.	DSSN

| Rudd, C. M. | ETRSN |

213

OS

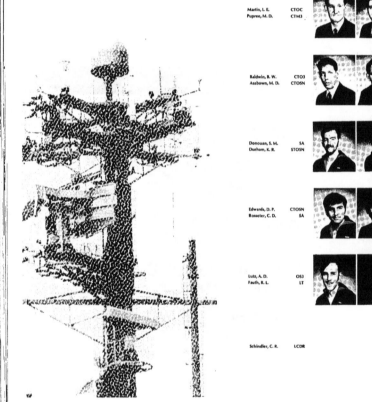

Martin, L. E.	CTOC
Pupree, M. D.	CTM3

Baldwin, B. W.	CTO3
Asabown, M. D.	CTOSN

Donouan, S. M.	SA
Durham, K. R.	STOSN

Edwards, D. P.	CTOSN
Rosseter, C. D.	SA

Lutz, A. D.	OS3
Fauth, R. L.	LT

Schindler, C. R.	LCDR

OW

Dick, L. L.   LTJG

Jahora, T. E.   ENS

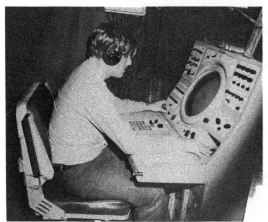

OY

Beall, C. E.   YN3

Klein, M. A.   YN3   Luetkemeyer, D. D.   AN
Matelski, W. A.   YN3   Wokewodizik, W. M.   AN

OZ

Hammack, J. E.
CDR

Seiden, J. B.
LT

Sayles, B. N.
LTJG

Talone, R. T.
LTJG

THE WIZARDS OF OZ

IMPOSSIBLE FEATS MADE EASY

 Poretti, R. A.   DPC   Shade, T. J.   PTC

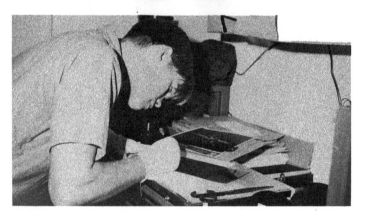

Hans, D. J.
OS2

Hinkle, S. W.
DS2

Ruelle, M. A.
DS2

Hauger, D. J.
PT3

Robinson, R. R.
PT3

Uerner, G. T.
DP3

Campbell, D. B.
DPAN

Garrison, R. E.
AN

Knox, D. I.
DSAN

Liesey, H. P.
DTAN

**CDR. D. FORSGREN
COMMANDING OFFICER VF-74**

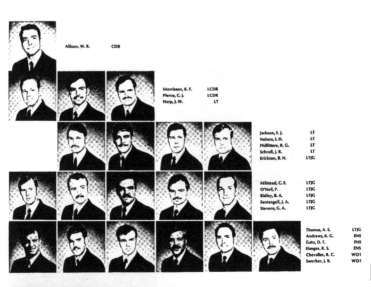

Allison, W. R.   CDR

Morrisson, K. F.   LCDR
Pierce, C. J.   LCDR
Harp, J. W.   LT

Jackson, E. J.   LT
Nelson, I. H.   LT
Phillittere, R. G.   LT
Schroll, J. R.   LT
Erickson, B. N.   LTJG

Milstead, C. E.   LTJG
O'Neil, P.   LTJG
Ridley, B. A.   LTJG
Santangell, J. A.   LTJG
Stevens, G. A.   LTJG

Thomas, A. S.   LTJG
Andrews, K. C.   ENS
Gato, D. T.   ENS
Hauger, R. S.   ENS
Chevalier, R. C.   WO1
Swecker, J. B.   WO1

222

Allyn, R. B.	AQ2
Chaffin, R. C.	ADJ2
Delgado, R. T.	ADJ2
Hopper, J. M.	AMS2
Housman, B. C.	PN2
Kiker, D. L.	AMH2
Laparan, P. B.	SD2
Leverrette, E. J.	AQE2
Powell, M. T.	AO2
Villanueva, R. C.	AZ2
Weatley, G. L.	MS2
Webb, M. P.	AE2

223

Alexander, D. E.	AMS3
Allen, R. A.	AE3
Buttorff, F. D.	AMS3
Dave, A.	AE3
Duncan, W. E.	PN3

Humber, R. C.	AMS3
Koch, W. H.	AMS3
Maddox, R. R.	AMS3
Miller, J. W.	SD3
Parker, K. A.	AMS3

Phillips, W. G.	YN3
Rainer, P.	AZ3
Roberts, J. D.	AMH3
Wojciechowski, J. J.	ADJ3
Albaugh, L. C.	SN

Annon, J. A.	AN
Baldwin, R. M.	AMHAN
Christel, C. J.	AN
Cox, P. E.	AMAN
Cranston, D. B.	AN

Graci, J. B.	AN
Guevara, J. M.	AN
Hnaey, J. J.	AN
Lantz, G. W.	PNSN
Lemish, C. M.	AN
McLean, B. C.	AN
Thinnes, P. L.	AN
Van Hise, P. J.	AN
Williams, T.	AN
Billings, R. W.	AKAA
Corbin, J. S.	SDSA
Deeley, J. E.	AA
Duncan, D. E.	AA
Franks, M. J.	ATAA
Irving, M. S.	AA
Johnson, A. L.	AA
Lowes, R. J.	AA
Marshal, A. J.	AMSN
Reckelhoff, S. R.	AMSAA
Sholock, D. A.	AA

LTCDR. D. C. WHITE
AIMD OFFICER

AIMD — They Keep The Birds Up

Liedel, G. A.   LCDR
Adkins, J. R.   AZCS
Broivning, D. H.   AVCM
Carpenter, K. M.   AFCM
Clark, D. L.   A2C

Robbins, L. A.   AE1
Villaflor, L. V.   SD1
Manadred, R. T.   AK2
Moltimore, E. E.   AZ2
Ridgeway, D. L.   AK2

Frye, J. L.	AZ3
Rumery, L.	AK3
Werkman, V.	AZ3
Everett, T. A.	AN
Lewis, J. T.	AZAA
Leis, L.	AN
Nadal, R. P.	AN
Wallace, E.	AN

IM2

Anderson, T. S. AME2
Beck, H. D.   AMH2
Harrington,D.A.ADJ2
Shea, D. A.   ADR2

Bastipas, R. A. AME2
Levans, G. O.   AME2
Hayes, T. J.   AMH2
Ubial, J. R.   ADJ2

Adams, G. L.   ADJ3
Binkley, P. J.   ADJ3
Bradley, H.   AMH3
Bunch, D.   AMS3
Childers, L.   ABH3

Hinson, A. W.   ADJ3
Lane, A.   ADJ3
Lizare, P. R.   AMS3
Lowe, L. L.   AMS3
Sanchez, A.   ADJ3

Stoudall, H. E.   AMH3
Stroup, J. T.   AMH3

Suggs, K. J.   AMH3
Windham, R. L.   ADJ3

Alipio, R. R.   AN
Brown, M. P.   PRAN
Condon, J. A.   AMEAA
Frabie, L. M.   ADJAN
Frazier, D. W.   AN

Fuller, T. J.   PRAA
Mattson, R. H.   AMSAA
Murren   AN
Nichols.   AN
Norman   PRAA

Pruitt, R. D.   AN
Sykes, N. R.   AA
Willaford, P. C. AN
Williams, K. H.   SN
Yefko, C. A.   ADJAA

Betz, M. E.   AEC
Griffith, S. J.   AQCS
Sazake, L. A.   AQC
Tobie, J.   ATC

Baker, N. R.   AE1
Baswell, D. M.   AQ1
Bibson, J.   AE1
Harper   AE1
Jamison, J. E.   AT1
Newton, C. D.   AQ1

Ramos, R.   AE1
Rummel, E. C.   AE1
Seymour, J. H.   AE1
Sinclair, L. W.   AQ1
Wiersma, G. R.   AT1
Wyckoff, M. W.   AQ1

IM3 — Xaviera's Got Nothing On 'Em

Belcher, H. L.   ATZ
Carlson, M. L.   AQZ
Christopherson, J.   ATZ
Dixon, D.   ATZ
Farley, J.   AQ2
Fitch, B. R.   AT2

Geillinger, E. R.   AQ2
Hanson, G. T.   AT2
Heaney, J. E.   AT2
Hennessy, T. J.   AT2
Hogg, J. R.   AE2

Johnston, R.   AT2
Jones, J. H.   AT2
Kneller, E. D.   AO2
Messer, G. C.   AT2
Moeller, C. F.   AT2

Morgan, G. R.   AQ22
Needham, M. E.   AT2
Paterson, A. W.   AE2
Petro, D. W.   AE2
Quist, W. P.   AT2

Richardson, D. H.   AT2
Roberts, R. K.   AQ2
Ross, G. (NMN)   AQ2
Sanders, R. W.   AT2
Smigay, S. A.   AT2

Sorg, J.   AQ2
Stout, H. L.   AE2
Thostenson, M. W.   AX2
Willis, J. R.   AT2
Zeka, D. A.   AQ2

Barr, J.   AQ3
Bender, T. R.   AE3
Best, S. M.   AT3

Bonsignore, K. E.   AT3
Carter, M. D.   AE3
Carver, J. R.   AE3
Chadwell, M.   AT3
Combs, N. M.   AE3

Dorman, C. E.   AQ3
Dotson, J. T.   AQ3
Fielder, W. J.   AO3
Fields, R. K.   AE3
Gibbs, J. A.   AE3

Horne, C. D.   AQ3
Kelkenberg, T. E.   AT3
Lambert, W. L.   AQ3
Money, G. G.   AO3
Moses, R. (NMN)   AE3

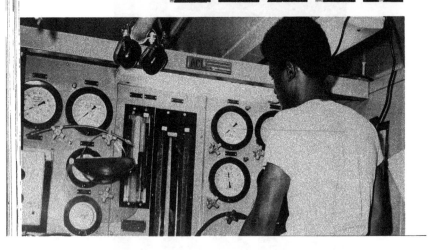

Newton, T. H.	AQ3
Panell, K.	AT3
Register, C. J.	AE3
Richardson, L. S.	AQ3
Rogers, J. M.	AQ3

Roscovius, D. M.	AX3
Shivers, D. M.	AT3
Simmons, D.	AQ3
Simpson, J. A.	AQ3
Slade	AT3

Steakley, R. R.	AQ3
Thompson, D. L.	AQ3
White, P. W.	AT3
Wyman, R. L.	AE3
Zais, A. (NMN)	AT3

Berruit, V. E.	ATAN
Christianson, T. J.	AEAN
Dembrowski, D. J.	AEAA
Kiger, R. S.	AN
Killen, H. (NMN)	AEAN
Seymour, D. (NMN)	

CDR. R. E. WHITBY
COMMANDING OFFICER VA-81

Hastings, S. C.   LCDR
Rooney, P. J.   LCDR

Sallada, R. V.   LCDR
Belew, D. H.   LT
Bell, J. F.   LT
Fitzpatrick, J. L.   LT
Gildberg, B. R.   LT

Kellogg, J. T.   LT
Kelly, H. W.   LT
Jomemda, J. F.   LT
Schales, N. F.   LT
Smith, R. E.   LT

Anderson, R. B.   LTJG
Arlman, J. F.   LTJG
Averitt, J. R.   LTJG
Burson, P. D.   LTJG
Leach, J. F.   LTJG

Liardon, D. L.   LTJG
Reich, R. W.   LTJG
Weidert, L. L.   LTJG
Whittle, R. L.   LTJG
Tzavellas, T. E.   LTJG

Koch, J. B.	AUCM
Gardner, R. D.	AMSC
Hensley, D. C.	AOCS
Mullnan, T. G.	AOCS
Crosby, L. L.	AOC
Fagan, T. G.	ADJC
Maxwell, J. T.	AMEC
Swafford, W. L.	ADJC
Warren, H. M.	AEC
Bowles, Z. W.	AT1
Davis, R. R.	AT1
Hoopes, D. W.	AZ1
Kirksey, M. E.	AO1
Lee, C. H.	ADJ1
May, D. D.	AE1
Little, E. A.	AE1
Mazey, W. L.	AMH1
McLurg, N. L.	AQ1
Mdjoice, B. M.	SO1
Nelson, J. R.	AT1
Poehleman, R. W.	ADJ1
Nelson, R. L.	AT1
Robbins, T. C.	XN1
Szymasker, J. S.	AQ1
Watson, W. D.	AK1

241

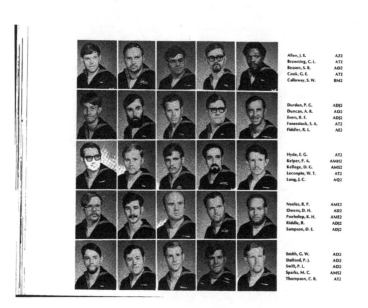

Allen, J. E.   AZ2
Browning, C. L.   AT2
Beason, S. R.   AO2
Cook, G. E.   AT2
Calloway, S. W.   BM2

Durden, P. G.   ADJ2
Duncan, A. R.   AO2
Evers, R. E.   ADJ2
Fenesstock, S. A.   AT2
Fiddler, R. L.   AE2

Hyde, E. G.   AT2
Keiper, P. A.   AMH2
Kelloge, D. G.   AMS2
Leconpte, W. T.   AT2
Long, J. C.   AQ2

Neeles, R. P.   AME2
Owens, D. H.   AD2
Poehelep, K. H.   AME2
Riddle, R.   ADJ2
Sampson, D. E.   ADJ2

Smith, G. W.   AO2
Stafford, P. J.   AO2
Swift, P. L.   AO2
Sparks, M. C.   AMS2
Thompson, C. R.   AT2

Ball, F. R.	AMS3
Baker, C. K.	ADJ3
Barnes, G. C.	AZ3
Bartruff, J. W.	AT3
Batton, R. M.	YN3
Blankin, C. P.	ADJ3

Butler, R. T.	AE3
Cummings, E. C.	AQ3
Fuller, D. E.	AMH3
Freeman, G. S.	PN3
Guizzo, M. A.	ADJ3
Hlaebain, C. D.	MH3

Jackson, M. D.	YN3
Jarrett, A. R.	ADJ3
Kennedy, S. E.	AMSE
Kullman, L. D.	ADJ3
Luerhois, L. A.	BM3
Lawhead, C. R.	AMS3

Lutz, W. K.	AMS3
Maxwell, R.	OR3
Mitchell, F. J.	AE3
Murphy, R. C.	ADJ3
Mabalot, R. C.	AK3
Nell, G. W.	AQ3

Pennington, M. P.	AMH3
Rogers, L. C.	AZ3
Swam, R. G.	AE3
Spain, T. L.	AT3
Stepping, M. L.	AMS3
Trother, M. L.	AQ3

Whalen, M. L.	PN3
Avars, D. A.	AN
Blassengill, R.	AN
Cates, C. A.	AA
Cockerman, M. E.	AEAN
Horn, D.	AA

Hawkins, O. L.	AN
Jones, T. R.	AA
Kemery, M. E.	AA
Lastrella, I. T.	AN
Lewis, P. S.	AA
Mason, D. W.	AA

Middleton, O. C.	AN
O'Hare, J. R.	AN
Owens, R. D.	AN
Postel, R. B.	AN
Petties, J. G.	AN
Prince	AA

Shaw, W. S.	AMEAN
Stue, M. W.	AN
Stevens, H.	AN
Tomise, M. L.	AN
Williams, A. L.	AN
Wilson, D. J.	SN

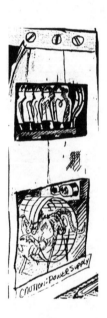

LCDR. W. C. ROSS
COMMUNICATIONS OFFICER

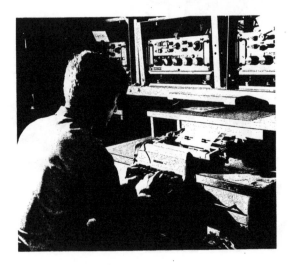

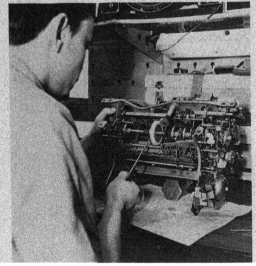

CR

 McDermott, K. R.   LT (JG)

Plackett, W. H.   RMCS
Azar, L.   RMC
Bradley, E. L.   RMC

 Woodbury, I. S.   CWO2

Chevalier, A. R.   RMC
Friar, V. L.   RMC
Shank, G. L.   RMC

Sallis, W. RM1
Turner, L. RM1
Williams, T. D. RM1

Broderick, R. C. RM2
Dieho, D. A. RM2
Enriquez, C. RM2
Martin, J. B. RM2
Parson, T. J. RM2
Sumpter, R. D. RM2

Winters, J. S. RM2
Ford, R. J. RM3
Ford, T. G. RM3
Malkowski, A. A. RM3
Newport, A. K. RM3
Parker, G. D. RM3

Ridlon, R. L. RM3
Wilson, D. L. RM3
Arnold, E. L. RMSN

CS

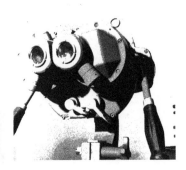

Keene, W. E.   SMCS

Blaszcykt, T. J.   SM2
Kendrick, L. E.   SM2

Adams, B. N.   SM3
McDonald, J. W.   SM3

McNamara, P. S.   SM3
Otero, P.   SMSN

Powers, R. J.   SMSN
Lamb, W. L.   SN

Ralla, R.   SN
Clinton, J. W.   SMSA

Reardon, J. A.   SMSA
Townsel, H. T.   SA

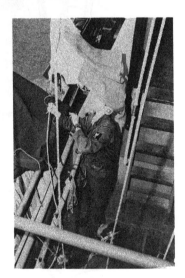

CDR. G. A. APPLEHOF
COMMANDING OFFICER VA-83

Henderson, A. H.   CDR
Bennett, B. M.   LCDR
Escobar, F. A.   LCDR

Law, G. H.   LCDR
Sullivan, M. E.   LCDR
Baily, R. A.   LT
Castor, J. W.   LT
Lawson, D. D.   LT

Lyon, J. W.   LT
Mansfield, R. D.   LT
Ritzert, B. U.   LT
Schneider, J. T.   LT
Stumm, A. F.   LT

Deal, D. L.   LTJG
Fisher, C. S.   LTJG
Ferglone, J. A.   LTJG
Kagghianti, C. E.   LTJG
Kloeppel, H. J.   LTJG

Walters, J. J.   LTJG
Welsh, H. K.   LTJG
Stahler, W. D.   ENS
Clayborn, E. K.   CWO2
Garvin, K.   WO1
Bowen, B. W.   AMCS

Bray, B. L.	ATC
Castile, H. D.	AMSC
Holzer, T. J.	AOC
Mathews, W. W.	ADJC
Matus, R.	AMSC
Neese, G. A.	AEC

Roberts, B. J.	AQCS
Sutton, F. S.	ADJC
Todd, W. J.	ATC
Adkins, R. L.	AMS1
Barwell, J. W.	AE1
Beach, J. L.	AT1

Beland, H. P.	AE1
Biggs, M. D.	AZ1
Bowman, R. L.	AME1
Crook, C. N.	PR1
Demerritt, W. V.	BM1
Duke, T. J.	ADJ1

Holloway, K. E.	ADJ1
Lalleur, R. E.	AQ1
Lion, J. L.	AMH1
Lyons, H.	YN1
Morel, F. J.	AT1
Morgan, R. N.	AMH1

Shockley, F. D.	AK1
Swaim, P. W.	AE1
Trott, G. T.	AO1
Whisonant, B. C.	AO1
Armitage, M. H.	AQ2
Bailey, R. D.	AT2

Bessell, B. E.	AT2
Calhoun, S. C.	AT2
Davis, R.	AQ2
Deitrick, J. G.	AT2
Dunlap, S. E.	AT2
Evangelista, M. L.	HD2

Fisher, G. P.	AO2
Goshorn, P. C.	AO2
Gregory, F. A.	AQ2
Harden, C. M.	ADJ2
Hudson, C. M.	AE2
Hull, G.	AO2

Hurley, A. R.	AMS2
Kennedy, D. S.	AT2
Martin, J. E.	AT2
May, G. P.	HM2
Messer, G. C.	AT2
Meyer, D. L.	AMH2

Nabors, J. L.	YN2
Newbill, D. E.	AZ2
Perry, D. A.	AQ2
Reed, M. J.	ADR2
Ricket, P. R.	PR2
Roark, J. W.	AT2

255

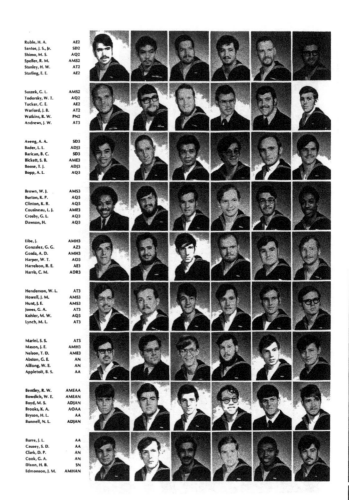

Ruble, H. A.	AE2
Santos, J. S., Jr.	SD2
Shimo, M. S.	AQ2
Speller, R. M.	AMS2
Stanley, H. W.	AT2
Starling, E. E.	AE2

Suszek, G. L.	AMS2
Todorsky, W. T.	AQ2
Tucker, C. E.	AE2
Warford, J. B.	AT2
Watkins, R. W.	PN2
Andrews, J. W.	AT3

Aveng, A. A.	SD3
Bader, L. L.	ADJ3
Barican, B. C.	SD3
Bickett, S. B.	AME3
Boose, T. J.	ADJ3
Bopp, A. L.	AQ3

Brown, W. J.	AMS3
Burton, K. P.	AQ3
Clinton, K. R.	AQ3
Cousineau, L. J.	AME3
Crosby, G. L.	AQ3
Dawson, H.	AQ3

Eibe, J.	AMH3
Gonzalez, G. G.	AZ3
Gosda, A. D.	AMH3
Harper, W. T.	AO3
Harrelson, R. E.	AE3
Harris, C. M.	ADR3

Henderson, W. L.	AT3
Howell, J. M.	AMS3
Hunt, J. E.	AMS3
Jones, G. A.	AT3
Kohler, M. W.	AQ3
Lynch, M. L.	AT3

Marini, S. S.	AT3
Mason, J. E.	AMH3
Nelson, T. D.	AME3
Abston, G. E.	AN
Aillong, W. E.	AN
Appletolt, B. S.	AA

Bentley, R. W.	AMEAA
Bowdich, W. E.	AMEAN
Boyd, M. S.	ADJAN
Brooks, K. A.	AOAA
Bryson, H. L.	AA
Bunnell, N. L.	ADJAN

Burre, J. L.	AA
Causey, S. D.	AA
Clark, D. P.	AN
Cook, G. A.	AN
Dixon, H. B.	SN
Edmonson, J. M.	AMHAN

Escobedo	AN
Faircloth, R. M.	AA
Flood, W. B.	AN
Ford, W. P.	AN

Filford, R. W.	AN
Giles, I.	AN
Grehan, J. W.	AA
Gotto	AMHAN
Gray, J. A.	PNSN
Haggerty, G. J.	AA

Harbison, P. R.	AA
Hardy, M. L.	ADJAN
Harris, H. E.	AA
Harris, M. C.	AN
Hont, J.	AA
Johnson, M. L.	AMHAN

Johnson, W. R.	AA
Keller, J. W.	AN
Kizlowski, S. J.	AN
Martin, J. W.	AA
Masters, R. C.	YNSN
McAdams, W. G.	AMSAN

McConnell, M. W.	SN
Nance, J. D.	AA
Noel, P. E.	AN
Oliver, C. B.	AA
Parris, D. L.	ASEAN
Partee, F. E.	AOAN

Powlin, D. W.	AMSAN
Riggleman, J. A.	AN
Roberson, G. D.	AA
Roberts, D. A.	AA
Roberts, T. F.	PRAA
Schumaker, D. L.	AA

Sheets, J. J.	AOAN
Slade, M. F.	AQAN
Smith, T.	ATAN
Sunday, R. R.	AA
Terrio, W. J.	ADJAN
Vaughn, T.	AA

Waggy, A. W.	AA
West, R. L.	AA
Williams, C. A.	AN
Wilson, E.	AA
Wojtylak, K. A.	AA
Worley, J. R.	AN

CDR. J. P. SMITH, JR.
MEDICAL OFFICER

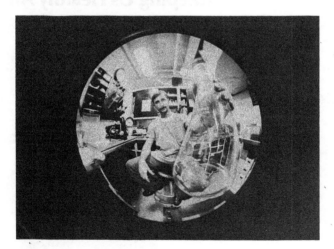

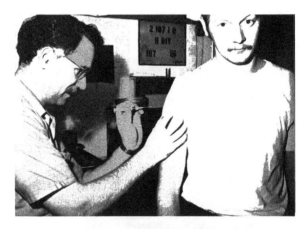

Keeping Us Healthy And

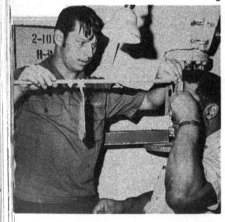

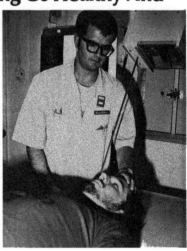

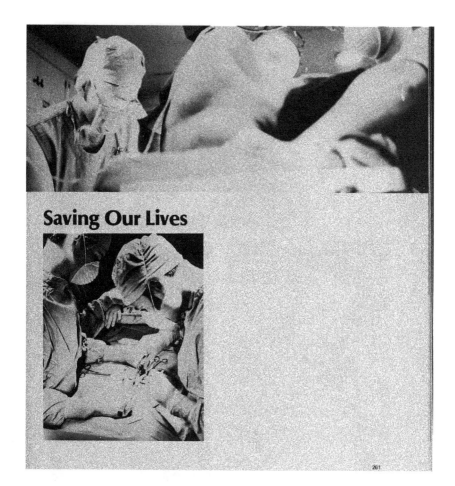

Saving Our Lives

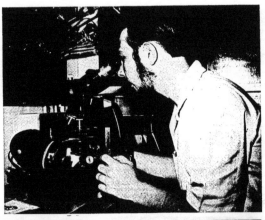

Rupen, B. H.
LCDR

Waitaker, T. A.
LCDR

Eyre, J. M.
ENS

Jones, G. C.   HMCS

Alderti, G. C.   HMC

Boyd, I. S.   HM1
Black, J. T.   HM1
Dennis, I. A.   HM1

Blatt, M.   HM2
Currier, R. D.   HM2
Loveless, S. A.   HM2
Odusek, L.   HM2
Whittaker, W. T.   HM2
Xavier, J. S.   HM2

Birchwell, T. L.   HM3
Brown, R. E.   HM3
Edson, K. P.   HM3
Johnson, R. W.   HM3

Lilly, J. E.   HM3
London, B. T.   HM3
Martinez   HM3
Nevens, R. A.   HM3

Silva, J.   HM3
Vernon, R. A.   HM3
Dixon, F. L.   SA
Levoy, R. E.   SN

Plascencia, F. J.   HM
Portanes, R. L.   HN
Ozimann, D. K.   HN
Ward, B.   HN

CAPT. H. E. SEMLER
DENTAL OFFICER

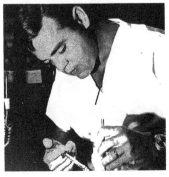

264

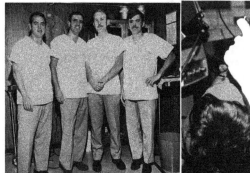

Galonsky, R. J.   DTC

Elkins, R. E.   Lyke, R. A.   Mockabee, L. S.
DT1   DT2   DT3
Lafuente, H.   Bekiesz, W. J.   Cefalo, R. R.
DT3   DTSN   SN

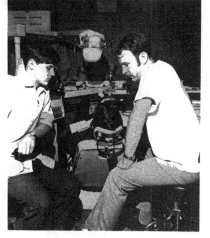

CDR. D. BOECKER
COMMANDING OFFICER
VA-83

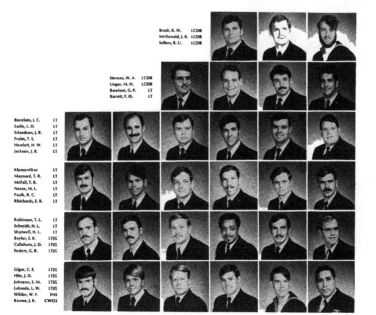

Brodt, R. W.   LCDR
McDonald, J. R.   LCDR
Sellers, R. U.   LCDR

Stevens, W. A.   LCDR
Unger, M. H.   LCDR
Barefoot, G. P.   LT
Barrett, F. O.   LT

Bucelato, J. C.   LT
Eadie, L. D.   LT
Erlandson, J. R. LT
Fraim, T. S.   LT
Hewlett, H. W.   LT
Jackson, J. B.   LT

Klementikoc   LT
Maynard, T. R.   LT
McFall, T. R.   LT
Neese, M. L.   LT
Paulk, R. C.   LT
Rhichards, E. B. LT

Robinson, T. L.   LT
Schmidt, H. L.   LT
Shotwell, H. L.   LT
Baylor, E. K.   LTJG
Callahans, J. D.   LTJG
Enders, G. R.   LTJG

Giger, C. E.   LTJG
Hite, J. D.   LTJG
Johnson, S. M.   LTJG
Lalonde, L. W.   LTJG
Wilder, W. F.   ENS
Keawe, J. K.   CWO2

Abernathy, D. M.	ADJC
Casey, C. L.	AMSC
Coggin, F. B.	AMSC
Conlon, J. A.	ADJC
Crisci, L. A.	ADJC
Elmore, C. N.	PNC

Gum, A. M.	AMSC
Gray, F. A.	AOC
Headcock, J. D.	AQC
Joyner, L. J.	YNC
Nelson, J. R.	AECS
Stephens, E. R.	AMEC

Stone, C. F.	AMHC
Williams, A. D.	ADJC
Allen, S. H.	AMH1
Chasser, R. P.	AMH1
Dowell, R. D.	BM1
Forbes, S. L.	AE1

Godfrey, J. A.	ADJ1
Griderer, D. H.	ADJ1
Jenkins, J. R.	ADJ1
Johnson, G. D.	AE1
Maspin, D. J.	SD1
Matlock, L. D.	AMH1

Melton, J. L.	AMS1
Parkinson, J. M.	AQ1
Przyborowski, R. S.	AE1
Rogers, G. R.	AT1
Rosborough, L. J.	ADJ1
Schieber, W. F.	AO1

Shoun, C. V.	AMS1
Turner, P. A.	AQ1
Basham, R. P.	AT2
Black, J. R.	AZ2
Brown, M. R.	ADJ2
Canavello, R. R.	AT2

Carreras, G. B.	SD2
Crabtree, D. B.	AMS2
David, H. D.	AMS2
Grinstead, P. R.	AMH2
Gorgone, R. S.	AT2
Haagenson, F. D.	AT2

Haldsell, L. D.	AQ2
Harris, J. G.	AQ2
Jeremiah, M. S.	AT2
Lanning, D.	ADJ2
Lemois, R. P.	AZ2
Luce, R. C.	AQ2

Maline, J. F.	AMH2
Markham, H. J.	AT2
Moore, M. D.	AK2
Morgan, F. A.	AQ2
O'Brien, F. L.	AE2
Payne, L. G.	AMH2

Phillips, R. W.   AT2
Prior, S. E.   AQ2
Rogers, M. A.   AE2
Scherado, G. R.   ADJ2
Shebloski, L. F.   AQ2
Tutthill, W. E.   AQ2

Wardlaw, W. G.   PN2
Alexander, T. F.   ADJ3
Bennett, E. E.   AT3
Blankship, R. L.   YN3
Blascet, R. F.   AQ3
Boykin, M.   AMS3
Crisp, D. A.   AE3

Crook, E. L.   AME3
Demars, J. F.   AT3
Dietz, R. F.   AQ3
Durham, J. T.   AZ3
Dyer, D. D.   AO3
Floyd, R. A.   YN3
Galavia, D. H.   ADJ3

Habrial, D. C.   AQ3
Heiner, K. J.   AZ3
Henson, D. C.   AT3
Henexson, L. B.   AMS3
Kerr, T. J.   AQ3
Kieft, J. W.   AT3
Kyle, M. O.   AME3

Long, S. W.   ADJ3
Lucius, S. A.   ADJ3
Lyons, J. R.   AQ3
Macuch, S. J.   AT3
Mellvan, J. J.   AZ3
Norman, K. A.   AE3
Oakes, R. D.   AMS3

Oesterreich, F. G.   AMH3
Phipps, J. D.   AE3
Pollio, J. L.   AZ3
Powell, R. W.   AMS3
Rose, L. D.   AR3
Slanton, W. C.   AMH3
Snoddy, S. R.   ADJ3

Stefenowich, W.   AMH3
Stollberg, J. E.   YN3
Sullivan, A. M.   AE3
Suggs, K. J.   AMH3
Von Felt, W. J.   AMS3
Wolfe, R. C.   AQ3
Yock, R. F.   AMH3

Adams, T. J.   ADJAN
Albright, A. M.   AN
Babcock, B. A.   AQAN
Bennington, C. D.   AEAN
Blackwell, R. E.   AN
Cleary, R. A.   AMSAN
Crosby, R. W.   ATAN

Lunneen, T. R.   AN
Debernardt, J. K.   AN
Francisco, D. R.   ADJAN
Gant, L. E.   AN
Garvin, M. D.   AN

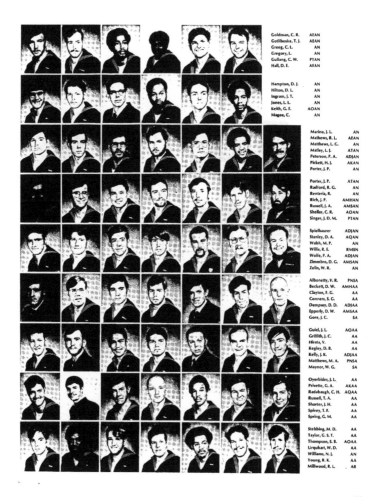

Goldman, C. R. — AEAN
Gotliboske, T. J. — AEAN
Greeg, C. L. — AN
Gregory, L. — AN
Guilang, C. W. — PTAN
Hall, D. E. — AEAN

Hampton, D. J. — AN
Hilton, D. L. — AN
Ingram, J. T. — AN
Jones, L. L. — AN
Keith, G. E. — AOAN
Magee, C. — AN

Marino, J. L. — AN
Mathews, R. L. — AEAN
Matthews, L. G. — AN
Matley, L. J. — ATAN
Peterson, P. A. — ADJAN
Pickett, H. J. — AKAN
Porter, J. P. — AN

Porter, J. P. — ATAN
Radford, R. G. — AN
Renteria, R. — AN
Rich, J. P. — AMHAN
Russell, J. A. — AMSAN
Sheller, C. R. — AOAN
Singer, J. D. M. — PTAN

Spielbaurer — ADJAN
Stanley, D. A. — AQAN
Walsh, M. P. — AN
Willis, R. E. — RMSN
Wolfe, P. A. — ADJAN
Zimmbro, D. G. — AMSAN
Zelin, W. R. — AN

Albonetty, V. R. — PNSA
Beckett, D. W. — AMHAA
Clayton, F. G. — AA
Conners, S. G. — AA
Dempsey, D. D. — ADJAA
Epperly, D. W. — AMSAA
Gore, J. C. — SA

Guiel, J. L. — AQAA
Griffith, J. C. — AA
Hirata, V. — AA
Kegley, D. B. — AA
Kelly, J. K. — ADJAA
Matthews, M. A. — PNSA
Maynor, W. G. — SA

Oyerbides, J. L. — AA
Privette, G. A. — AKAA
Radabaugh, C. H. — AQAA
Russell, T. A. — AA
Shorter, J. H. — AA
Spivey, T. F. — AA
Spring, G. M. — AA

Stebbing, M. D. — AA
Taylor, G. S. T. — AA
Thompson, S. B. — AOAA
Urquhart, W. D. — AA
Williams, N. J. — AN
Young, R. K. — AA
Millwood, R. L. — AR

271

CDR. G. O'BRIEN
CHIEF ENGINEER

This Is D.C. Central . . .

"A Division"

Gooding, B. B.	ENS
Youngblood, J. B.	CWO3
Atkins, W. H.	MMCS
Carelock, W.	MMC
Martin, L. G.	MMC

Dauenport, J. A.	MM1
Squer, G. H.	MM1
Spratt, C. L.	MM1
Stilt, W. C.	MM1

Ball, W. E.	MR2
Bixby, R. J.	MM2
Fagan, D. J.	MM2
Hall, J. F.	MM2

Hamblin, W. H.	EN2
Humphrey, J. H.	MM2
McCormick, T. D.	EN2
Tweedy, R. A.	MR2

Fivie, E. J.   MM3
Gsosen, Bach   MR3
Hawthorne, J. R. MM3

HcCortis, F. E.   MR3
Huntley, J. J.   EN3
McQuarrie, M. B. EN3

Rice, G. H.   MM3
Sanders, A. L.   MM3
Selines, D. J.   MM3

Tribe, J. W.   EN3
Weis, J.   MM3
Wells, T. E.   EN3

Acree, L. J.   MMFM
Borton, R. J.   MRFN

Bowes, W. H.   MRFA
Chamblin, K. E.   FN
Cockren, D. C.   FW

Coon, L. M.   MRFN
Denson, D. W.   FA
Duffy, D. D.   ENFN
Estill, R. W.   MMFN

Fulst, E. C.   MMFN
Greene, D. W.   MMFA
Griffin, C. E.   FW
Hansen, R. F.   FN
Hebert, U. L.   MMFN

Holcomb, P. A.   FA
Huntley, F.   FW

Inglee, J. P.   MMFA
Kennedy, C. J.   MMEN

Kurtak, D. G.   ENFA

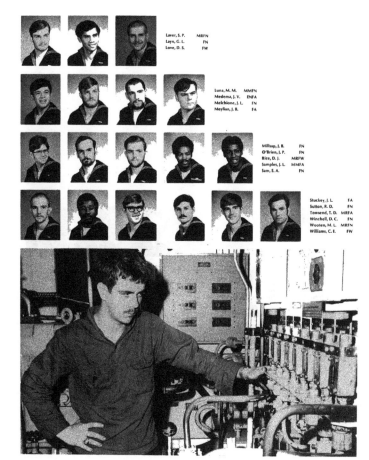

Laver, S. P.　MRFN
Layn, G. L.　FN
Love, D. S.　FW

Luna, M. M.　MMFN
Medema, J. V.　ENFA
Melchione, J. L.　FN
Meylian, J. B.　FA

Millsap, J. B.　FN
O'Brien, J. P.　FN
Rice, D. J.　MRFW
Samples, J. L.　MMFA
Sam, E. A.　FN

Stuckey, J. L.　FA
Sutton, R. D.　FN
Towsend, T. D.　MRFA
Winchell, D. C.　FN
Wooten, M. L.　MRFN
Williams, C. E.　FW

277

B Division

Frick, K. E.   LT
Uras, E. E.   WO1
Benigni   BTC

Brawner, S. T.   BT1
Miller, P. W.   BT1
Uincent, W. B.   BT1
Bump, P. E.   BT2
Jaro, R. R.   BT2

Jenkins, R. F.   EN2
McMillan, W. C.   E-5
Mumment, D. A.   BT2
Patterson, B.   BT2
Revak, L. C.   BT2

278

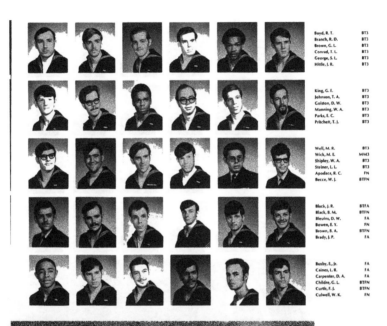

Boyd, R. T.	BT3
Branch, R. D.	BT3
Brown, G. L.	BT3
Conrad, T. L.	BT3
George, S. L.	BT3
Hittle, J. R.	BT3

King, G. E.	BT3
Johnson, T. A.	BT3
Golston, D. W.	BT3
Manning, W. A.	BT3
Parks, E. C.	BT3
Pritchett, T. J.	BT3

Well, M. R.	BT3
Wick, M. E.	MM3
Shipley, W. A.	BT3
Steiner, L. L.	BT3
Apodaca, R. C.	FN
Becce, W. J.	BTFN

Black, J. R.	BTFA
Black, B. M.	BTFN
Bleuins, D. W.	FA
Bowen, E. Y.	FN
Brown, B. A.	BTFN
Brady, J. P.	FA

Busby, E., Jr.	FA
Caines, L. R.	FA
Carpenter, D. A.	FA
Childre, G. L.	BTFN
Curtis, F. J.	BTFN
Culwell, W. K.	FN

279

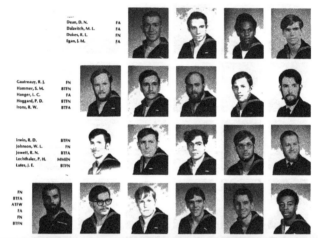

Dean, D. N.   FA
Dalavitch, M. L.   FA
Dukes, R. L.   FN
Egan, J. M.   FA

Gautreauy, R. J.   FN
Hammer, S. M.   BTFN
Hanger, L. C.   FA
Hoggard, P. D.   BTFN
Irons, R. W.   BTFA

Irwin, R. D.   BTFN
Johnson, W. L.   FN
Jowett, R. N.   BTFA
Lechthaler, P. H.   MMEN
Lutes, J. E.   BTFN

Hessault, R.   FN
Martin, B. C.   BTFA
Matthies, K. W.   ATFW
McKain, T. L.   FA
Menner, W. M.   FN
Milbourne, V. A.   BTFN

Montetorte, C. J.   FA
Miller, K. G.   FA
Wash, J. M.   FA
Waze, J. T.   FA
Welson, L. L.   FN

Parker, L. A.   BTFN
Peslka, G. L.   FA
Pittman, R. E.   BTFN
Queen, R. D.   FN
Roy, L. E.   BTFN

Rodgers, J. M.   BTFN
Ruppenekanp, M. A.   FW
Schillecl, T. H.   FA
Schoems, S. R.   FA
Simmons, P. A.   FA

Thornton, T. E.   FA
Uanbibber, G. E.   BTFW
Walton, D. L.   BTFA
Ward, K. E.   FA
Weiner, H.   BTFN
Whetstone   FN

E Division

Casey, R. J. LCDR
Lopez, T. G. LCDR
Ovitz, E. G. ENS
Cowan, D. L. CWO2

Medina, R. T. EMCS
Dye, R. G. EMC
Lee, R. N. ICC
Rath, G. L. ICC
Adams, M. E. EM1
Bell, F. D. R. EM1

Bliss, M. G. EM1
Bouden, W. E. EM1
Carter, J. B. IC1
Hays, M. E. EM1
Lounsberry, C. F. EM1
Warren, H. L. EM1

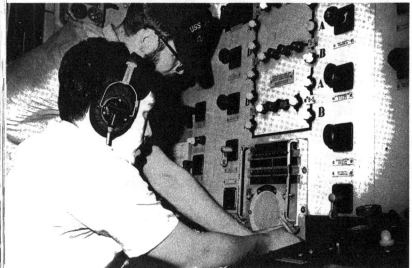

Alonzo, M. B.   EM2
Applegate, H. J.   EM2

Bracken, D. L.   EM2
Edgil, B. L.   EM2
Elden, K.   EM2

Hayes, A. P.   EC2
Kernd, C. E.   IC2
Mills, J. W.   EM2
Vogt, K.   EM2

Wright, D. E.   EM2
Blanckette, W. A.   EM3
Breiner, M. S.   EM3
Cawley, R. I.   EM3
Cecchini, G. C.   EM3

Cochrane, D. L.   EM3
Craigie, H.   EM3
Frye, D. W.   EM3
Griffin, D. L.   IC3
Horan, R. C.   EM3

Kleifner, D. E.   IC3
Lathrup, P. J.   YN3
Lepage, W. M.   IC3
Ludwick, D. S.   IC3
Luffman, D. R.   EM3
Marshall, B. E.   IC3

Park, W. C.   IC3
Plant, A.   EM3
Potsko, T. L.   IC3
Prenkert, R. E.   IC3
Sundberg, G. S.   EM3
Vickers, R. D.   IC3

Walker, J. A.   EM3
Wenger, P. D.   MT3
Whitmore, H. B.   IC3
Aponte, J.   FN
Bakos, G. L.   EMFN
Barnes, G. C.   EMFN

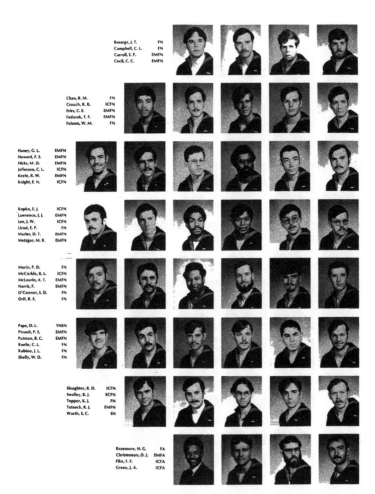

Bosarge, J. T.　　FN
Campbell, C. L.　　FN
Carroll, E. P.　　EMFN
Cecil, C. C.　　EMFN

Chan, R. M.　　FN
Crouch, R. R.　　ICFN
Evirs, C. E.　　EMFN
Fedorek, T. F.　　EMFN
Folsom, W. M.　　FN

Haney, G. L.　　EMFN
Howard, F. E.　　EMFN
Hicks, M. D.　　EMFN
Jefferson, C. L.　　ICFN
Keele, R. W.　　EMFN
Knight, E. N.　　ICFN

Kopko, E. J.　　ICFN
Lawrence, J. J.　　EMFN
Lee, J. W.　　ICFN
Licud, E. P.　　FN
Marler, D. T.　　EMFN
Metzger, M. R.　　EMFN

Morin, P. D.　　FN
McCorkle, R. L.　　ICFN
McLaurin, A. T.　　EMFN
Norris, F.　　EMFN
O'Conner, S. D.　　FN
Orfi, R. E.　　FN

Pape, D. L.　　YNSN
Pinault, P. E.　　EMFN
Putman, B. C.　　EMFN
Roehe, C. L.　　FN
Rubioo, J. L.　　FN
Shelly, W. D.　　FN

Slaughter, R. D.　　ICFN
Swalley, K. J.　　ECFN
Tepper, K. J.　　FN
Tutsock, R. J.　　EMFN
Worth, S. C.　　SN

Bazemore, H. G.　　FA
Christenson, D. J.　　EMFA
Fike, F. F.　　ICFA
Green, J. A.　　ICFA

284

Holcomb, W. C.   FA

Shoaf, J. P.   ICFA
Schaeffer, D. L.   ICFA

Strader, W. W.   FA
Sullivan, S. A.   FA
Tumana, E. R.   FA

Watson, W. D.   ICFA
Weaves, J. R.   EM4FA
Wingate, X. X.   FA
Murphy, C. H.   EMSR

M Division

Perkins, D. E.	LTJG
Filanowicz, R. W.	ENS
Lancaster, J. A.	ENS
Mott, J. L.	MMCS
O'Quinn, D. W.	MMCS

Martin, G. L.	MM1
Pessy, C. Y.	MM1
Reeves, C.	MM1
Wilson, V.	MM1
Carambia, A. P.	MM2

Gilbest, P. W.	MM2
Haynes, C. D.	MM2
Leseberg, E. F.	MM2
Mann, J. L.	MM2
O'Rourke, T. M.	MM2

Pinegas, R. L.   MM2
Roxerts, J. D.   MM2
Wenaas, R. J.   MM2
Asarias, J. Q.   MM3
Beleo, J. G.   MM3

Burge, T. R.   MM3
Cullom, D. B.   MM3
Davis, P. C.   MM3
Knapp, M. L.   MM3
Larby, K. A.   MM3

Logue, V. V.   MM3
Lucio, S. R.   MM3

Nazaroff, J. F.   YN3
Osborn, A. R.   MM3

Smith, A. K.   MM3
Stoneking, R. L.   MM3

Tynes, G. A.   MM3
Watterson, M. W.   MM3

Attchison, R. A.	FA
Barbour, J. B.	FW
Beidenback, W. J.	FA
Bollmfiend, G. L.	MMFA

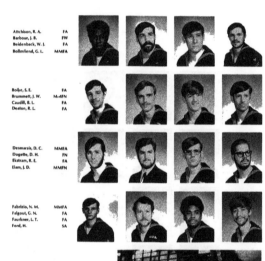

Boike, S. E.	FA
Brummett, J. W.	MMFN
Caudill, B. L.	FA
Deaton, R. L.	FA

Desmarais, D. C.	MMFA
Dogette, D. H.	FN
Ekstram, R. E.	FA
Elam, J. D.	MMFN

Fabrizio, N. M.	MMFA
Falgout, G. N.	FA
Faurkner, L. T.	FA
Ford, H.	SA

Franklin, S. K.
FA
Goodman, R. D.
FA

Galluzzo, T.
FN
Craig, W. S.
FN

Hanson, B. D.	FN
Hart, M. A.	AN
Krohn, R. J.	FA
Little, J. C.	MMFN

Lopez, L.
FA

Lulio, I.
FN

Miglioselt, M. A.
FN

Moore, G. E.
FA

Murray, M. A.
FA

Nobiletti, M. J.
FA

O'Toole, L. T.
FW

Page, J. E.
FA

Passmore, G. A.	MMFA
Permar, R. T.	FAT
Reta, O.	FN
Rhodenbaugh, J. R.	FA
Stillwell, D. L.	FA
Tymar, G. A.	FW

Thomas, M. B.	FR
Uaugh, L. L. D.	FN
Urmond, J. J.	FN
Usher, A. B.	FN
Vicente, D. D.	FA

Walker, J. V.	FN
Watson, L. T.	FN
Williams, E. G.	FA
Young, L. L.	FN

R Division

Fuller, F. A.
LT

Clayton
ENS

Lynd, D. S.
CWO3

Grant, W. A.   HTCM
McKay, M. .   HTC
Farris, P. J.   HT1
Burgund, W. L.   HT1
Kellogg, D. R.   HT1

Carserino, W. E.   HT2
Coates, R. W.   HT2
Hoverstad, K. H.   HT2
Powers, H. E.   HT2

				Donham, P. C.	HT3
				Harsch, R. D.	HT3
				Hawkins, S. L.	HT3
				Hinojos, C. F.	HT3

				Kately, H.	HT3
				Lemer, R. L.	HT3
				Mason, J. L.	HT3
				Moll, C. T.	HT3

				Pattison, M. J.	HT3
				Prouost, M. J.	HT3
				Robinson, J. T.	HT3
				Stein, J. J.	HT3

Vandevere, M. L.   Waddell, G. W.   Williams, R. L.
HT3   HT3   HT3

291

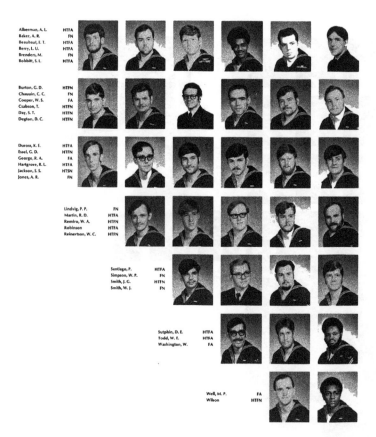

Alberman, A. L.   HTFA
Baker, A. R.   FN
Beaubaut, E. T.   HTFA
Berry, L. U.   HTFA
Brenders, M.   FN
Bobbitt, S. L.   HTFA

Burton, G. D.   HTFN
Chauuin, C. C.   FN
Cooper, W. S.   FA
Csabson, T.   HTFN
Day, S. T.   HTFN
Deglon, D. C.   HTFN

Duross, K. E.   HTFA
Essel, G. D.   HTFN
George, R. A.   FA
Hartgrove, R. L.   HTFA
Jackson, S. S.   HTSN
Jones, A. R.   FN

Lindvig, P. P.   FN
Martin, R. D.   HTFA
Remiro, W. A.   HTFN
Robinson   HTFA
Reinertson, W. C.   HTFN

Santiago, P.   HTFA
Simpson, W. P.   FN
Smith, J. G.   HTFN
Smith, W. J.   FN

Sutphin, D. E.   HTFA
Todd, W. E.   HTFA
Washington, W.   FA

Well, M. P.   FA
Wilson   HTFN

CDR. D. KLETTER
COMMANDING OFFICER
VAW 126

Lubking, J. F.   LCDR

Reid, W. R.   LT
Weller, R. E.   LT
Williams, D. H.   LT
Stubbs, V.   LTJG

Farley, M. W.   LTJG
Natati, J. J.   ENS
Willcox, T. S.   ENS
Harvey, J. J.   CWO3

Frick, G. B.   ADJC
Giles, K. G.   ATC

Henry, R. J.   PNC
Osborn, C. L.   ADJCS

Geerts, R. L.   AE1
Kilmer, F. G.   ADJ1
Knight, P. W.   PN1

Letendre, R. A.   AE1
Norman, M. O.   AT1
Roadhuck, M. D.   AMH1
Shoe, P. E.   AZ1

White, R. E.   AMH1
Wilt, D. E.   ADJ1
Winford, M. A.   BM1
Young, J. C.   AT1

297

Berryman, L. S.	AT2
Brown, J. W.	AMS2
Cassity, G. L.	AMS2
Costello, T. J.	BM2
Felts, W. L.	PR2

Feltz, R. P.	FN2
Hunt, D. L.	ADJ2
Kinnaly, E. F.	HM2
Lane, S. T.	ADJ2
Tranilla, T.	YN2

Gertsma, D. M.	AT3
Goolsby, G. M.	ADJ3
Hoover, J. E.	ADJ3
Juda, M. W.	AMH3

Kline, H. B.	AT3
Rea, D. W.	AT3
Stillwell, G. O.	AMS3
Torrelzdk	ADJ3

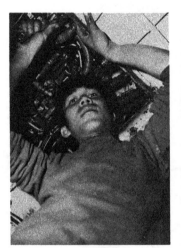

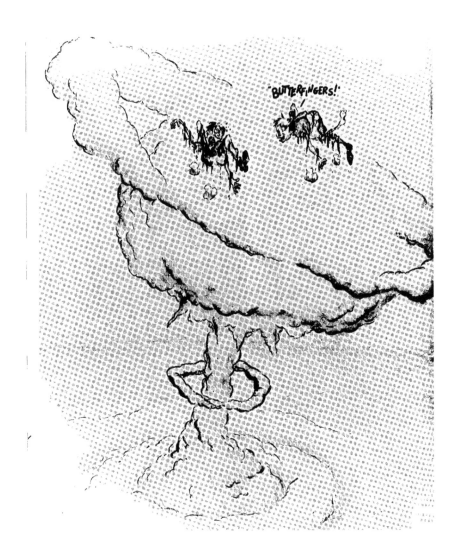

Kautz, W. F.   LCDR

Coins, C.   CME

Cdr. W. T. Miesse
Weapons Officer

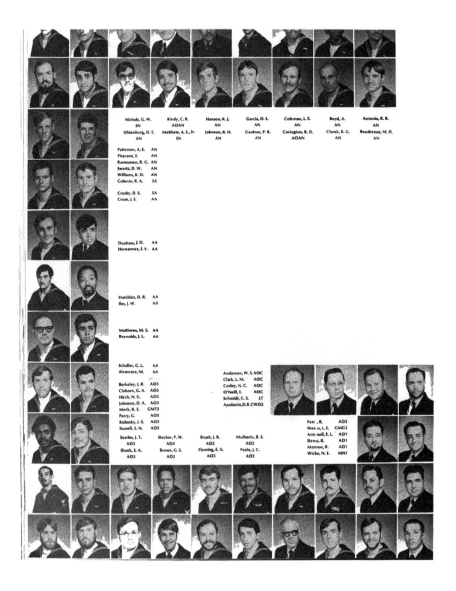

Nichols, G. W.
SN
Oldenburg, D. E.
AN

Kindy, C. R.
AOAN
Matthew, A. E., Jr.
SN

Hanson, K. J.
AN
Johnson, R. H.
AN

Garcia, D. S.
AN
Gardner, P. R.
AN

Coleman, L. E.
AN
Corington, R. D.
AOAN

Boyd, A.
AN
Cheek, R. G.
AN

Antonio, R. R.
AN
Boudreaux, M. D.
AN

Patterson, A. E.   AN
Pisacane, E.   AN
Rasmussen, R. G. AN
Swartz, D. W.   AN
Williams, K. D.   AN
Colunio, R. A.   SA

Crosby, D. S.   SA
Cruse, J. E.   AA

Dunham, J. D.   AA
Hernannez, J. V.   AA

Hutchins, D. R.   AA
Iles, J. W.   AA

Matthews, M. S.   AA
Reynolds, J. L.   AA

Schaller, G. L.   AA
Alvarezez, M.   AA

Berkeley, J. R.   AO3
Claborn, G. A.   AO3
Hirch, N. G.   AO3
Johnson, D. A.   AO3
Meck, R. E.   GMT2
Perry, G.   AO3
Robosky, J. S.   AO3
Russell, S. N.   AO3

Searles, J. T.
AO3
Shank, S. A.
AO3

Stocker, P. W.
AO3
Brown, G. S.
AO2

Brush, J. R.
AO2
Fleming, E. A.
AO2

Mulherin, B. S.
AO2
Peele, J. C.
AO2

Anderson, W. S. AOC
Clark, L. M.   AOC
Corley, N. C.   AOC
O'Neill, E.   AOC
Schmidt, C. S.   LT
Apolonio, D. R. CWO2

Perr , R.   AO2
Wee s, L. E.   GMG2
Ant nell, E. L.   AO1
Dena, R.   AO1
Monroe, R.   AO1
Wicke, N. E.   MN1

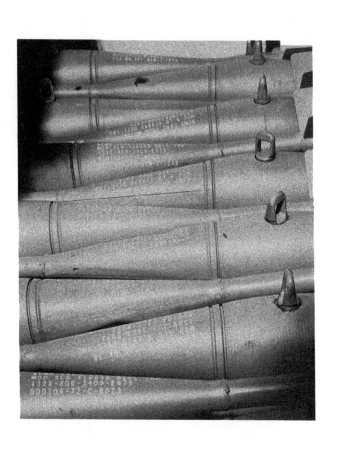

GM Division

Bartholomew, M. E.
LT

Hardin, L. G.
AOC

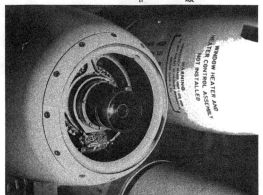

Gentile, J. J.   AO1
Marlin, B.   TM2
Stacks, R. G.   AO2
Wilted, L. D.   AO2
Baggins, B. A.   AO3

Behnke, E. J.   AO3
Masters, B. J.   TM3
Norris, J. D.   AO3
Olsen, W. B.   AO3

Alberti, J. D. AN
Barton, D. A. AOAN
Ernest, B. AOAN
Greenhouse, M. M. AOAN
Hart, S. G. AN
Koon, J. C. AOAN

Martin, J. J. AN
Mason, J. J. AOAN
Prange, H. E. SN
Rodriquez, E. AOAN
Stanaland, G. L. AN
Ward, W. AN

Coe, M. G.
CAPT

Storey, D. K.
1ST LT.

 USMC

Marine Detachment, USS Forrestal

Overcash, F. L.	1st SGT
Sims, W. S.	GYS SGT
Brady, J. C.	SGT
Frink, R. J., Jr.	SGT

Not Pictured

Hadrek, L. E.	CPL
Harlow, W. H.	CPL
Healey, A. G.	CPL
King, M. H.	CPL
Parks, G. L.	CPL
Reklor, M. S.	CPL

Robinson, W. N.	CPL
Savage, E. E.	CPL
Sliwinski, N. A.	CPL
Wentworth, W. M.	CPL
Whitehead, L. T.	CPL
Williams, R. R.	CPL

Ashwell, G. E.	LCPL
Chilcott, H. P.	LCPL
Clark, R. L.	LCPL
Clerval, D. W.	LCPL

Kellet, D. T.	LCPL
Laws, D. L.	LCPL
Stoian, T. J.	LCPL
Tollison, R. H.	LCPL
Wallace, T. E.	LCPL

 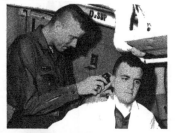

Beach, P.	PFC
Brooks, A. R.	PFC
Campbell, L. E.	PFC
Cannady, H. D.	PFC
Coners, C. D.	PVT
Disinger, R. L.	PFC

Grabowski, R. M.	PFC
Grindstaff, C. D.	PFC
Hunt, Li. L.	PFC
Kopina, R. A.	PFC
Madison, R. D.	PFC
Martorella, S. F.	PFC

Minnick, A. E.	Meadows, E. S.	Mills, B. O.	McCoy	Montford	North	Reen, J.
PFC	PFC	PFC	PFC	PFC	PFC	PFC

Rhodes, B. L.	Scott, R.	Spruill, R. A.	Stelzer, D. P.	Thompson	Vines	Ward, R. A.
PFC	PFC	PFC	PFC	PFC	PFC	PFC

Point Defence

| Walsh, D. A. | Galecki, R. M. | Patsey, R. H. | Robbins, D. E. |
| LTJG | ENS | GMG1 | FTG1 |

Bon, C. K.	Boyd, N. E.	Farley, D. E.	Gapinski	Jolley, T. P.
FTG3	GMG3	FTG3	FTG3	AO3
Owens, M. E.	Vulgomott, C. W.	Weiss, W. W.	White, F. L.	Wilkie, J. E.
AO3	GMG3	GMG3	TN3	FTM3

Smith, M. E.
FTMSN

Stoltz, J. D.
GMMSN

Towler, H. D.
AN

Dennis
FTESA

Gallant, J. E.
SA

Harris, A.
SA

Jusino, V.
SA

Murrell, W. F.
SA

Scanlon, G. J.
SA

Spears, B. L.
SA

Ligon, T. M.
CWO2

Butler, F. W.
EMC

Martenson, D. D.
AQ2

Explosive Ordinance Disposal

| Smith, C. B. | Short, R. F. | Nichols, L. G. | Barnett, R. J. | Beyer, D. J. | Sorenson, J. C. | McManus, M. P. | Arner, W. S. |
| GMT1 | GMT1 | GMT1 | GMTCS | CWO2 | CWO3 | LTJG | LCDR |

McTamany, P. K.	Mullins, S. M.	Patterson, D. N.	Stansberry, J. C.	Virgalla, J. A.	Buchanan, R. L.	Frierson, T.
GMT3	GMT3	GMT3	GMT3	GMT3	SN	SN
Claus, D. W.	Jackson, A. K.	Schaub, D. M.	Wilson, C. R.	Cook, J. P.	Fanroy, H. C.	Kilbarger, S. P.
GMT2	GMT1	GMT2	GMT2	GMT3	GMT2	GMT3
Gossett, K. P.	Jones, J. R.	Koziol, K. J.	Percival, R. J.	Siler, R. N.	Weston, C. E.	
SN	SKSN	SN	SN	SN	SN	

CDR. C. R. POLFER
COMMANDING OFFICER
RVAH-6

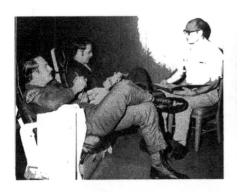

Butsch, L. H.   CDR XO
Litvin, F. D.   LCDR

Roosevelle, W. T.   LCDR
Satrapa, J. F.   LCDR

Binder, R. L.   LT
Lauer, D. N.   LT

Rutledge, W. N.   LT
Hoskin, C. P.   LTJG
Parkhurst, D. A.   LTJG
Parr, L. S. . . . . .LTJG
Perras, W. I. . . . . . .LTJG

Taylor, R. D.   LTJG
Burrought, B. D.   ENS
James, W. B.   CWO3
Bliss, R. E.   CWO2
Schlatter, R. K.   CWO2

Rice, H. A. ABCM

  Burch, W. D. PHC
Mortt, L. E. ATC

  Risher, C. V. TNC
Scott, B. D. AMEC

     Holland, C. N. AT1
Jarvis, R. B. AQ1
Lomenick, J. A. ADJ1
Palmer, D. F. AZ1
Russ, J. T. AME1

      Saylor, C. E. AE1
Sharp, D. C. AMS1
Smith, C. A. AT1
Smith, W. R. PH1
Stephens, J. A. AE1
Varney, R. L. PH1

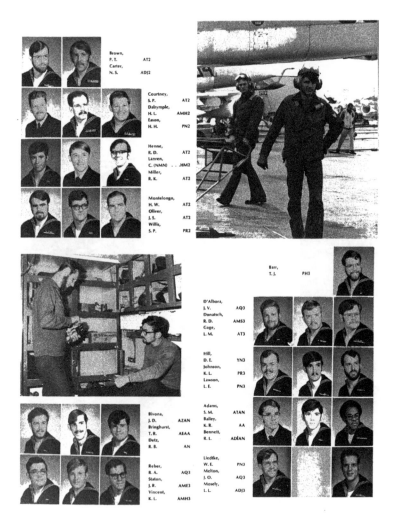

Brown,
P. T.   AT2
Carter,
N. S.   ADJ2

Courtney,
S. P.   AT2
Dalrymple,
H. L.   AMH2
Eason,
H. H.   PN2

Henne,
R. D.   AT2
Lanren,
C. (NMN) . . .HM2
Miller,
R. K.   AT2

Montelongo,
H. W.   AT2
Oliver,
J. S.   AT2
Willis,
S. P.   PR2

Barr,
T. J.   PH3

D'Albora,
J. V.   AQ3
Donatsch,
R. D.   AMS3
Gage,
L. M.   AT3

Hill,
D. E.   YN3
Johnson,
K. L.   PR3
Lawson,
L. E.   PN3

Adams,
S. M.   ATAN
Bailey,
K. R.   AA
Bennett,
R. L.   ADIAN

Liedtke,
W. E.   PN3
Melton,
J. O.   AQ3
Mosely,
L. L.   ADJ3

Bivona,
J. D.   AZAN
Bringhurst,
T. R.   AEAA
Detz,
R. B.   AN

Reber,
R. A.   AQ3
Staton,
J. R.   AME3
Vincent,
K. L.   AMH3

Forgg,
N. J.   AA
Frola,
L. J.   AMEAA
Gay,
A. K.   PHAN

Lanhan,
J. L.   AA
Laturner,
D. J.   PHAN
Lindberg,
W. D.   ADIAN

Guerra,
E. J.   ATAN
Hught,
R. D.   AQAA
Jordan,
S. (NMN)   AN

Marlin,
J. T.   PHAN
Martin,
S. (NMN)   SN
Milosevic,
A. E.   AMSAN

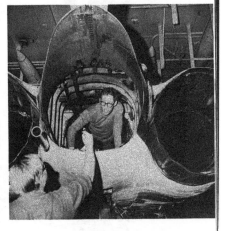

Mock,
D. G.   AA
Nordstrom,
J. A.   SN
O'Neill,
T. J.   AMHAA

Smith,
D. B.   PHAN
Sgla,
V. J.   AMSAN
Spraker,
R. G.   SN

Pauisen,
J. C.   ATAN
Richier,
D. W.   AMEAN
Sacran,
F. (NMN)   AN

Stephenson,
D. C.   AEAA
Vanevery,
T. (NMN)   AQAN
Weaver,
S. R.   ADIAN

CDR. J. W. BROWN
SUPPLY OFFICER

Stores Division

Endt, H. J.   LCDR
Hetherington, J. F.   LT
Coulliette, R. H.   CWO3

Fehlam, W. D.	SK1
Lujan, L.	SK1
Deluna, J. P.	AK2
Katipuman, S. J.	AK2
Snyder, D. P.	AK2
Vergonia, T. J.	AK2

Perault, D. R.   SK3
Sclater, M. E.   SK3

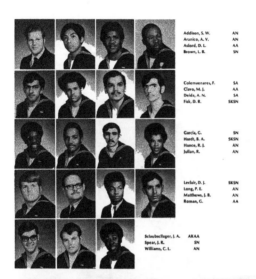

Addison, S. W.   AN
Aranico, A. V.   AN
Asford, D. L.   AA
Brown, L. B.   SN

Colemaenares, F.   SA
Clavo, M. J.   AA
Deida, A. N.   SA
Fisk, D. R.   SKSN

Garcia, G.   SN
Hardt, B. A.   SKSN
Hance, R. J.   AN
Julian, R.   AN

Leclair, D. J.   SKSN
Long, P. E.   AN
Matthews, J. B.   AN
Roman, G.   AA

Sclaubscllager, J. A.   AKAA
Spear, J. R.   SN
Williams, C. L.   AN

S-2

Miller, S. K.   CWO3

Honnack, R. G.   CSC
Worth, T. D.   CSC

Jones, A. P.	CS1
Roviston, G. S.	CS1
Dussault, S. A.	CS2
Eckholn, V. F.	CS2
White, H.	CS2

Abernatly, F. T.	CS3
Brooks, B. D.	CS3
Kilen, S. K.	CS2
Peterson, L.	CS3
Solt, T. L.	CS3
Davis, G. M.	SA

Griuer, T. D.	SN
Heneen, S. A.	SN
Haack, J. G.	CSSN
Jemison, C. O.	SN
Larrbee, R. S.	SA

Milleton, L. R.	SN
Pauli, D. L.	CSSN
Rose, J. L.	SA
Schreiner, H. F.	SN
Vaness, R. H.	CSSN

S-2M

Stroud, H. E.   BT2
Irving, H. F.   YN3

Slack, R. D.   ABEAN
Caldwell, J. B.   AA
Harbison, L. A.   AA
Kroschel, S. C.   FA
Steel, H. C.   AA
Trice, J. D.   SA

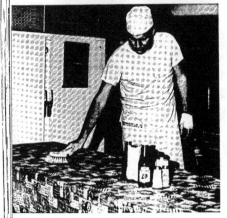

Mess Decks MAA

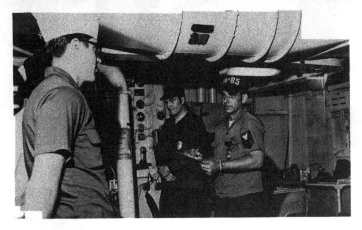

S-3

Hargrove, A. W.   SKC

Blandenship, T. L.   SH1
Lambert, J. M.   AK1

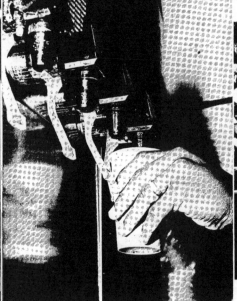

Neill, J. R.   SH2
Jestmark, G. O.   SH2

Brard, W. G.   SH3
Brier, D. G.   SH3
Henderson, S. R.   SH3
Johnson, A. D.   SH3
Jaxlor   AK3

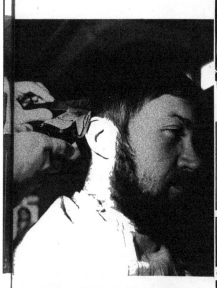

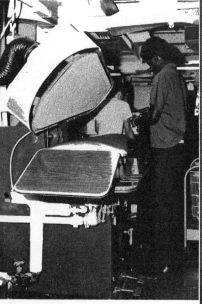

Anderson, K. M.   SN
Baskerville, G. T.   SN
Campbell   SN
Graham, A.   SN

Grose, J. R.   AA
William, S. H.   AA
Williams, J. L.   SN
Woodruff, J. C.   SN

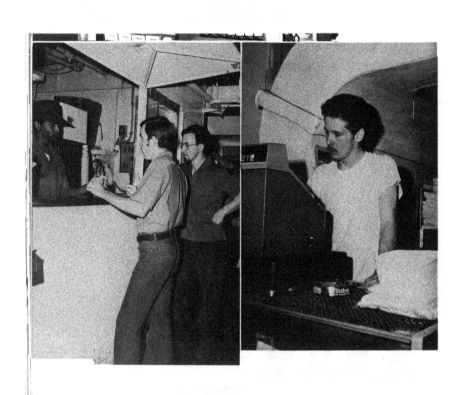

$-4

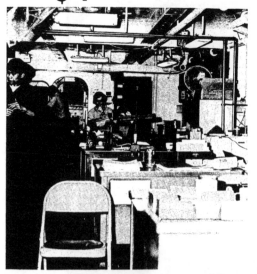

337

S-5

 Lancaster, M. L.   ENS

Hamilton, W. L.   SDCS
Peserrte, R. F.   SDC

Sobremontee, J. B.　　SD1

Castillo, C. F.　　SD2
Jones, W. H.　　SD2
Loria, M. B.　　SD2
Woods, J. N.　　SD2
Ascano, J. A.　　SD3
Malig, J. Z.　　SD3

Ramirez, J. H.　　SD3
Rigonan, R. M.　　SD3
Copenharvek　　SDSN
Garcia, J. B.　　SN
Garper, J. J.　　SDSN
Shottenkirk, T. D.　　SA

S-7

 Herman, O. S.   ENS

Phillips, H. E.   SKCM
Pipkin, J. A.   DPC

Morgan, J. E.   DP2
Samaniego, E. D.   DP2
Wernet   DP2

Howell, A.   AK3
Jennings, M. N.   DP3
Lawrence, R. J.   DP3
Vontz, D. A.   DP3

McGinley, F. P.   DPSN
Rogers, H. B.   SN
VanLandingham, R. A.   SA
Watson, S. E.   DP3

Twelve

And Arriving

Bouwman, F. G.   CAPT
Mountford, E. J.   CAPT

Felderman, J. L.   CDR
King   CDR
Stekler, C. T.   CDR
Jensen, R. M.   LCDR
Maisner, H. V.   LCDR

Minard, J. E.   LCDR
Rodriguez, W. S.   LCDR
Noisette, H. J.   ENS

Ford, C. G.   RMCM
Nissen, R. J.   QMC
Owens, J.   RM1
Balm, B. E.   RM2

Staff

Bowles, V. K.	Sumner, D. M.	Gottschalk, G. W.	Okeson, L. H.	Hagan, J. P.	Stankewicz, M. J.
CDR	CDR	LCDR	LCDR	ENS	ENS

Cassell, M.	YNCS
Azuino, A. Z.	SNC
Childs, H. J.	MUC
Hunter, J. E.	YNC

Doyle, D. D.	OS1
Hall, R. B.	BM1
Yadloczky, C. S.	MU1
Alexander, J. R.	E-5

Atkins, R. A.	YN2
Bawmann, C. A.	OS2
McCallister, H.	EN2

Goeheen, F. E.	MU2
Scuddler, W. H.	RM2
Thomas, K.	YN2

Bachman, R. P.	RM3
Benarides, H.	ME3
Bryant, W. O.	MU3
Burrill, D. C.	RM3

Gore, E. L.	MU3
Grierson, P. M.	MU3
Jenning, E. S.	SD3
Ramirez, R. P.	SD3

Arndt, D. M.	MUSN
Braton, R. M.	MUSN
Ancheta, J. N.	SDSN
Darel, D. D.	OSSN

Harrey, A. L. R.   PNSA
Lasko, T.   OSSA

Malinak, R. A.   MUSN
Mauro, P. I.   MUSN
Neiley, V. L.   MUSN
Noe, C. D.   YNSN

Wallace, L. P.   SN
Walton, W. W.   MUSN
Winstead, E. G.   OSSN
Zinner, C. E.   YNSA

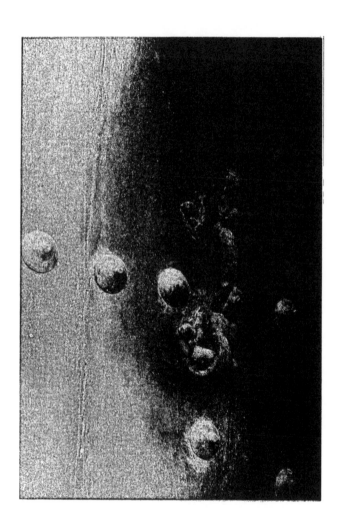

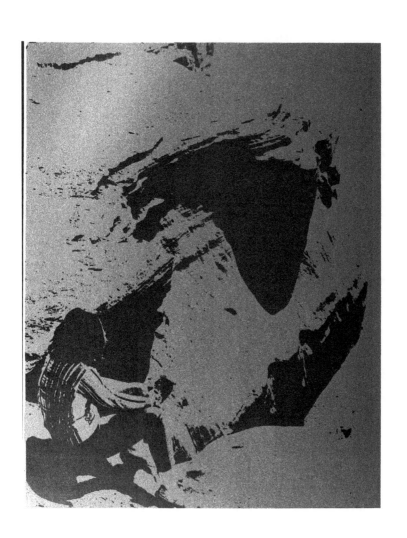

CAPT. J. C. SCOTT

As we complete our '74 Cruise, we remember the good times and the trying times that we have faced during the past several months. Forrestal deployed in early March expecting to see some different ports, yet knowing that there would be lots of hard work and long hours at sea. The ship and air wing teamed up and quickly meshed into a fine-tuned, well-oiled fighting machine with an outstanding readiness posture. Our hard work at sea was rewarded by our port visits. Many of the crew and dependents were able to participate in our charter flight to beautiful Palma and enjoyed a luxurious two weeks in the sun. Regrettably we did not visit all the ports we would have liked. Due to international crises we were tasked to spend several long periods at sea and played a significant protective role in the evacuation of U.S. Nationals from Cyprus. Through it all, the members of the crew were marvelous — working hard, training hard and always with a smile. We can be truly proud of the record.

Indeed, the cruise was a success; however, it could not have been so without the moral support and "TLC" from the wives, parents and loved ones at home. The Forrestal team of crew and loved ones is number one in my book. I like your style.

RADM. J. E. LANGILLE III

As the years pass, each of you who served in FORRESTAL will recall this cruise with justifiable pride. Your positive attitude and dynamic teamwork welded the Flagship, the Air Wing and the Staff into a powerful arm of the U. S. Sixth Fleet. As the mainstay of Attack Carrier Striking Group TWO, you faced a demanding schedule which promised only change and long periods at sea. Like true Navy professionals, you proved always ready for a frolic or a fight. Your readiness provided stability during contingency situations and shielded U. S. and NATO interests throughout your deployment. You have been tested in a variety of situations, afloat, aloft, and ashore, and have met each challenge. I congratulate each of you for a job well done and wish you God speed and continued success in the future.